AF344053

NOUVEAU CHOIX

DE CANTIQUES

A L'USAGE

DU CATÉCHISME

De la Paroisse de St.-Thomas d'Aquin
et de plusieurs autres Paroisses.

A PARIS,

DE L'IMPRIMERIE DE LEFEBVRE,
RUE DE BOURBON, n°. 11.

SE VEND
A la Sacristie de St.-Thomas d'Aquin.

NOUVEAU CHOIX
DE CANTIQUES,

A l'usage des Catéchismes.

Prière avant le Catéchisme.

Veni Sancte Spiritus.

R. Reple tuorum corda fidelium et tui amoris in eis ignem accende.

Emittes Spiritum tuum et creabuntur.

R. Et renovabis faciem terræ.

Oremus.

Deus qui corda fidelium Sancti Spiritus illustratione docusiti, da nobis in eodem Spiritu recta sepere et de ejus semper consolatione gaudere ; per Christum Dominum nostrum.

R. Amen. Ave Maria, etc.

Prière à N. S. J. C.

Divin Jésus qui avez aimé les enfans, et qui avez pris plaisir à leur parler, parlez à notre cœur, dans les instructions que vos ministres vont nous faire ; et à qui irions-nous, ô notre Sauveur ? Vous avez les paroles de la vie éternelle. Souvenez-vous, Seigneur Jésus, de

vos anciennes bontés envers les enfans. Accordez-nous,
ô notre bon maître! l'intelligence de votre sainte doc-
trine : apprenez-nous à porter dès nos jeunes années
le joug aimable de votre loi. Enseignez-nous à être doux
et humbles de cœur comme vous : que nos pères et
mères et la Sainte Eglise se félicitent toujours de notre
obéissance à leurs commandemens ; conservez, aug-
mentez, fortifiez la grâce que vous avez répandue dans
nos âmes, afin qu'ayant soutenu jusqu'à la fin, par une
vie toute chrétienne, l'honneur et les engagemens de
notre baptême, nous obtenions de vous et par vous l'héritage des enfans dans la gloire où vous régnez avec le
Père et le Saint-Esprit. Ainsi soit-il.

Prière à la Très-Sainte Vierge.

O Marie, ma bonne mère et ma puissante protectrice, je vais avoir le bonheur d'entendre parler de
votre cher fils ! Ses aimables qualités, sa divine morale
et ses commandemens vont être retracés à ma mémoire :
obtenez - moi la grâce qu'ils soient gravés dans mon
cœur, comme vous conserviez dans le vôtre toutes les
paroles qui avaient quelque rapport à sa divine Per-
sonne. Ainsi soit-il.

Prière après le Catéchisme.

O divin Jesus ! qui avez daigné vous faire enfant
pour nous, ô vous qui avez toujours témoigné tant de
tendresse et de bonté pour les enfans, qui les voyez avec
complaisance s'approcher de vous, qui daignez même
les bénir et les embrasser, et qui avez dit qu'il fallait
leur ressembler pour entrer dans le royaume des Cieux,
jetez un regard favorable sur nous; faites que nous ayons
toujours la douceur et la candeur de l'enfance, sans en
avoir la légèreté, et qu'en imitant votre sainte enfance,
nous croissions de jour en jour à votre exemple, en science
et en sagesse devant Dieu et devant les hommes, afin
de régner un jour avec vous dans le Ciel. Ainsi soit-il.

Sub tuum præsidium confugimus, sancta Dei geni-
trix, nostras deprecationes ne despicias in necessita-
tibus, sed a periculis cunctis libera nos semper, virgo
gloriosa et benedicta. Amen.

Prière pour le renouvellement des Vœux du Baptême.

Graces vous soient rendues, ô mon Dieu! pour le
don ineffable que vous m'avez fait. J'étais dans les ténèbres, et vous m'en avez tiré pour m'appeler à votre
admirable lumière. J'étais mort par le péché, et vous,
mon Dieu, qui êtes riche en miséricorde, vous m'avez
rendu la vie en Jésus-Christ par l'eau de la régénéra-
tion. J'étais, par ma naissance, enfant de colère, et
vous m'avez rendu participant de la nature divine par
le renouvellement du Saint-Esprit que vous avez ré-
pandu sur moi avec une riche effusion: afin qu'étant
justifié par votre grâce, je devienne héritier de la vie
éternelle. Qu'il est juste que je vous aime, ô mon Père,
puisque vous m'avez tant aimé le premier! Et comment,
après être mort au péché, serais-je assez malheureux
pour vivre encore dans le péché! Que je n'oublie jamais, ô mon Dieu! qu'en recevant le Baptême de
Jésus-Christ, je me suis dépouillé du vieil homme,
qui se corrompt en suivant l'illusion des passions,
et que j'ai été revêtu de l'homme nouveau, qui
est Jésus-Christ même. Que je n'aime donc ni le
monde, ni ce qui est dans le monde; mais qu'ayant le
bonheur d'être à Jésus-Christ, je crucifie ma chair
avec ses passions et ses désirs déréglés! Que je vive par
l'esprit de Jésus-Christ, et que je sois dans les mêmes
dispositions et les mêmes sentimens où il a été! Que je
sois devant vous, ô mon Dieu! comme un enfant nou-
vellement né, éloigné de toute sorte de malice, de
tromperie et de dissimulation, et soupirant ardem-
ment après le lait spirituel et tout pur de votre
parole qui me fasse croître pour le salut. Ne permettez

pas que j'attristé jamais, par le péché, votre Esprit-
Saint, dont vous m'avez marqué comme d'un sceau,
et que vous m'avez donné pour arrhe de l'immortalité
qui m'a été promise. Que je porte, par votre grâce,
les fruits de toutes sortes de bonnes œuvres ; afin
qu'après avoir vécu d'une manière digne de vous,
j'arrive au royaume et à la gloire à laquelle vous m'avez
appelé. Amen.

ACTE DE CONSÉCRATION

A LA SAINTE VIERGE,

Pour le jour de la première Communion.

Très-Sainte Marie, Mère de Dieu, souveraine
maîtresse des Anges et des hommes, ceux et celles que
vous voyez ici prosternés à vos pieds, sont autant d'âmes
chrétiennes que votre cher Fils a nourries pour la première fois de son Corps adorable, qu'il a enivrées de
son sang précieux, et auxquelles il a inspiré la résolu-
tion de n'aimer que lui seul : ce sont des enfans que
leur première communion a rendus plus particulière-
ment les vôtres ; ils viennent rendre hommage à vos
grandeurs, reconnaître vos bontés et réclamer votre
protection. Chargé d'exprimer les sentimens dont ils
sont pénétrés ; désirant de répondre à leur piété et
me satisfaire moi-même, je vous offre leurs cœurs et
le mien : c'est le gage de notre respect, de notre amour
pour vous, et de la tendre confiance que nous avons en
vos miséricordes. Agréez la protestation que nous faisons de vivre et de mourir dans votre service. Pour
toute récompense, nous vous demandons de mettre le
comble à notre bonheur et de rendre ce jour le plus heureux de notre vie, en nous accordant votre sainte protection, et en exauçant les vœux que nous vous adres-
sons de tout notre cœur pour nos parens, nos amis, nos

bienfaiteurs, et surtout par ces charitables Ministres qui se sont efforcés par leurs instructions de nous rendre des enfans dignes de la meilleure de toutes les Mères. Ainsi soit-il.

Prière pour offrir la journée au Seigneur;

Sur l'air : *Dans ma cabane obscure, etc.*

O Dieu, dont je tiens l'être,
Toi qui règles mon sort,
Seul arbitre, seul maître
De mes jours, de ma mort !
Je t'offre les prémices
Du jour qui luit sur moi,
Et veux sous tes auspices,
Ne les donner qu'à toi.

Daigne, d'un œil propice,
En voir tous les instans ;
Que ta main en bannisse
Tous les dangers pressans :
Surtout, Dieu de clémence,
Qu'avec ton saint secours,
Nul crime, nulle offense,
N'ose en ternir le cours.

Que ta bonté facile,
Qui voit tous mes besoins,
Rende à tes yeux utile
Mon travail et mes soins ;
Et que suivant la trace
Que nous ouvrent les Saints,
Nos jours soient, par ta grâce,
Des jours purs et sereins.

Fils d'un père coupable,
Né dans l'iniquité,

Des maux le poids m'accable,
Et j'en sens l'équité :
Au travail quand vous-même,
Grand Dieu ! me condamnez,
Je m'y soumets, je l'aime,
Puisque vous l'ordonnez.

Si par plus d'une offense
J'ai pu vous irriter,
Par cette pénitence
Puissé-je m'acquitter !
Que jamais le murmure,
Le dégoût, les ennuis,
Des peines que j'endure
Ne m'enlèvent les fruits.

Lorsqu'en votre présence
De vous plaire jaloux,
Au travail, en silence,
Je me livre pour vous :
Dieu bienfaisant, j'espère
Qu'un éternel repos
Sera l'heureux salaire
De mes faibles travaux.

Vertus Théologales.

Sur l'air : *De tout un peu.*

Acte de Foi.

Oui, je le crois,
Ce que l'Église nous annonce ;
Oui, je le crois,
Seigneur, et j'honore ses lois,
Toutes les fois qu'elle prononce
Par elle l'Esprit saint s'annonce,
Oui, je le crois.

Acte d'Espérance.

J'espère en vous,
Dieu de bonté, Dieu de clémence ;
J'espère en vous :
Tout autre espoir ne m'est point doux.
Vous seul comblez mon espérance,
Vous seul serez ma récompense :
J'espère en vous.

Acte d'Amour.

O Dieu sauveur !
Vous êtes le seul bien suprême ;
O Dieu sauveur !
A vous seul je donne mon cœur.
Et, pour l'amour de vous seul, j'aime
Mon prochain autant que moi-même,
O Dieu sauveur !

Paraphrase du *Pater.*

Sur l'air : *Prenez pitié d'un petit malheureux.*

Vous, dont le trône est au plus haut des cieux,
Vous, à la fois notre Dieu, notre Père,
Sur vos enfans daignez jeter les yeux ;
Prêtez l'oreille à leur humble prière.   (*bis*).

Que votre nom, digne de tout honneur,
Mais trop souvent en butte à nos outrages,
Soit à jamais gravé dans notre cœur,
Soit honoré par d'éternels hommages.   (*bis*).

Vous êtes seul nôtre souverain bien ;
C'est après vous que mon âme soupire :
Dans cet exil la grâce est mon soutien ;
Mais quand viendra votre céleste Empire ?   (*bis*).

Faites régner sur toute volonté
De votre loi la volonté suprême,
Et qu'à jamais, par sa fidélité,
La terre soit l'image du Ciel même.   (*bis*).

Objets chéris de vos soins vigilans,
Seigneur, en vous, nous ne voyons qu'un père;
Dans leurs besoins, connaissez vos enfans;
Un peu de pain suffit à leur misère.   (*bis*).

Que la clémence à vos yeux a de prix!
Elle ravit l'immortelle couronne :
C'en est donc fait, il n'est plus d'ennemis,
Nous pardonnons.... Et notre Dieu pardonne. (*bis*).

Sur cette mer où vous guidez nos pas,
Mille dangers nous assaillent sans cesse ;
Je périrai, mon Dieu, si votre bras
A tout instant ne soutient ma faiblesse.   (*bis*).

De tous côtés environnés de maux,
Votre cœur seul est un abri fidèle:
Ah! puissions-nous y goûter le repos!
Y posséder une paix éternelle!

Prière à la Très-Sainte Vierge.

A l'imitation du *Salve Regina*, etc.

Sur l'air : *Reviens, pécheur*, etc.

JE vous salue, auguste et sainte Reine,
Dont la beauté ravit les immortels!
Mère de grâce, aimable souveraine,
Je me prosterne aux pieds de vos autels.

Je vous salue, ô divine Marie!
Vous méritez l'hommage de nos cœurs;

Après Jésus, vous êtes, et la vie,
Et le refuge, et l'espoir des pécheurs.

Fils malheureux d'une coupable mère,
Bannis du Ciel, les yeux baignés de pleurs,
Nous vous faisons, de ce lieu de misere,
Par nos soupirs entendre nos douleurs.

Ecoutez-nous, puissante Protectrice !
Tournez sur nous vos yeux compatissans ;
Et montrez-nous, qu'à nos malheurs propice
Du haut des Cieux vous aimez vos enfans.

O douce, ô tendre, ô pieuse Marie !
Vous dont Jésus, mon Dieu, reçut le jour,
Faites qu'après l'exil de cette vie,
Nous le voyions dans l'éternel séjour.

Autre Prière à la Sainte Vierge.

JE mets ma confiance,
Vierge, en votre secours :
Servez-moi de défense,
Prenez soin de mes jours,
Et quand ma dernière heure
Viendra fixer mon sort,
Obtenez que je meure
De la plus sainte mort.

Prière au Saint Ange Gardien.

ANGE de Dieu,
Ministre de sa providence,
Ange de Dieu,
Qui daignez me suivre en tout lieu ;
A l'ombre de votre présence,
Garantissez mon innocence,
Ange de Dieu !

Dans cet exil,
Soyez sensible à ma misère;
Dans cet exil,
Sauvez mes jours de tout péril.
Soyez ma force et ma lumière,
Mon maître, mon ami, mon père,
Dans cet exil.

Prière au Saint Patron.

Sur l'air : *Avec les jeux dans le village.*

O TOI, qui, dès ma tendre enfance,
Daignas être mon protecteur,
Grand Saint ! fais que ton innocence
A jamais règne dans mon cœur.
Fais, qu'au Seigneur toujours fidèle,
A l'ombre de ton divin nom,
Je te prenne autant pour modèle,
Que j'aime à t'avoir pour Patron.

Prière au commencement de la Messe.

Sur un air nouveau.

AUTOUR de nos sacrés autels
Osons tous prendre place,
Là, Jésus a pour les mortels
Le trône de sa grâce;
Allons à ce Dieu de bonté,
Mais que la confiance,
L'ardeur, la foi, l'humilité,
L'amour, nous y devance.

Pour nous ouvrir un libre accès
Vers un si tendre père,
Faisons-lui de tous nos excès
L'aveu le plus sincère;

Que la plus vive des douleurs.
 Nous gagne sa clémence,
Et que l'amour mêle ses pleurs
 A notre pénitence.

Exaucez-nous, divin Sauveur,
 Adorable victime;
Et détruisez dans notre cœur
 Jusqu'à l'ombre du crime.
O bienheureux! ô chœurs des Saints!
 Et vous, Reine des Anges,
Offrez-lui de vos pures mains
 L'encens de nos louanges.

A l'Offertoire.

Sur l'air : *L'on dit que l'amour me guette.*

Regardez d'un œil propice,
 O Dieu de majesté!
Les saints apprêts du sacrifice
 Qui vous est présenté.
Qu'à vous seul en soit l'honneur;
Qu'il nous comble de bonheur;
Qu'il vous rende un digne hommage;
 Qu'il lave nos forfaits,
Et nous devienne un tendre gage
De vos nouveaux bienfaits.

A nos vœux daignez vous rendre
 O Fils de l'Eternel,
Du haut des Cieux, venez descendre
 Pour nous sur cet autel.
Nous ne sommes rien de nous,
Mais nous sommes tout par vous;
Pour nous épargner l'abîme,
 Vous daignâtes mourir :
Daignez vous faire encor victime
 Et pour nous vous offrir.

Jésus vient, que tout fléchisse
Devant lui les genoux ;
Que ce saint temple retentisse
De nos chants les plus doux :
Élevons vers lui nos cœurs :
Ouvrons-les à ses faveurs.
Il descend : l'amour le presse ;
Par un juste retour,
Offrons nous-même à sa tendresse,
Un cœur rempli d'amour.

A l'Élévation de la Sainte Hostie.

Sur l'air : *Dieu des âmes*, etc.

O VICTIME
De tout crime !
O Jésus Sauveur de tous !
Qui sans cesse,
Par tendresse,
Daignez être parmi nous.
Qu'on vous aime,
Pour vous-même :
Qu'à jamais tous les mortels,
Et s'empressent
Et s'abaissent
Autour de vos saints autels,

Chœurs des Anges !
Nos louanges
Sont trop peu pour ses bienfaits :
Dans nos âmes
De vos flâmes
Allumez les plus doux traits.
Que sa gloire,
Sa mémoire,

Son amour dans tous les temps ,
D'un hommage
Sans partage
Reçoive en tous lieux l'encens.

Autre pour l'Élévation.

Sur un air nouveau.

ADORONS tous, dans cette sainte Hostie,
Un Dieu fait chair pour nous donner la vie ;
Joignons nos voix aux chants des esprits bienheureux ,
Avec eux offrons-lui nos respects et nos vœux.

Divin Jésus, notre unique espérance,
Contre l'enfer prenez notre défense ;
Désarmez sa fureur, calmez nos passions ,
Et répandez sur nous vos bénédictions.

Les effets de l'Amour divin.

Sur l'air : *Triste raison ,* etc.

DIVIN amour ! ô que sous ton empire ,
L'ame fidèle éprouve de douceurs !
Que sont les biens auxquels le monde aspire ,
Auprès des biens dont tu remplis les cœurs ?

Par ton secours tout est doux et facile ,
Et rien ne coûte à qui ressent tes feux ;
Tes vifs attraits rendent l'ame docile
Aux saints efforts , aux transports généreux.

J'aime avec toi mes malheurs et mes larmes ;
Et la mort même a perdu son effroi,
Mon cœur en paix ne connaît plus d'alarmes !
Divin amour ! à jamais règne en moi.

Bonheur d'un Enfant Chrétien,

Sur l'air : *Mes chers enfans, unissez-vous.*

Heureux! bienheureux mille fois
Un enfant que le Seigneur aime,
Que le Seigneur daigne instruire lui-même
Qui de bonne heure est docile à sa voix;
Il est orné, dès sa naissance,
Des plus rares présens des Cieux,
Et du méchant l'abord contagieux
N'altère point son innocence.

Tel que dans un secret vallon
Croît sur le bord d'une onde pure
Un jeune lys, l'amour de la nature,
Loin des fureurs du cruel Aquilon,
Il est orné, dès sa naissance,
Des plus rares présens des Cieux,
Et du méchant l'abord contagieux
N'altère point son innocence.

Renouvellement des Promesses du Baptême.

Sur un air connu.

J'engageai ma promesse au Baptême;
Mais pour moi d'autres firent serment :
Dans ce jour je vais parler moi-même,
Je m'engage aujourd'hui librement.
    Je m'engage, etc.

Je crois donc en un Dieu trois Personnes ;
De mon sang je signerais ma foi,
Faible esprit, vainement tu raisonnes,
Je m'engage à le croire, et je crois.
    Je m'engage, etc.

A la foi de ce premier mystère
Je joindrai la foi d'un Dieu Sauveur;

Sous les lois de l'Eglise, ma mère,
Je m'engage et d'esprit et de cœur.
    Je m'engage, etc.

Sur les Fonts, dans cette eau salutaire,
Pour enfant Dieu daigna m'adopter;
Si j'en ai souillé le caractère,
Je m'engage à le mieux respecter.
    Je m'engage, etc.

Je renonce aux pompes de ce monde,
A la chair, à tous ses vains attraits;
Loin de moi Satan, esprit immonde,
Je m'engage à te fuir pour jamais.
    Je m'engage, etc.

Faux plaisirs, source infâme de vices,
Trop long-temps vous fûtes mon amour;
Je renonce à vos fausses délices,
Je m'engage a Dieu seul sans retour.
    Je m'engage, etc.

Oui, mon Dieu, votre seul Evangile
Réglera mon esprit et mes mœurs:
Dussiez-vous en frémir, chair fragile,
Je m'engage à toutes ses rigueurs.
    Je m'engage, etc.

Ah! Seigneur, qui sait bien vous connaître,
Sent bientôt que votre joug est doux;
C'en est fait, je n'ai point d'autre maître,
Je m'engage à ne servir que vous.
    Je m'engage, etc.

Sur vos pas, ô mon Divin modèle!
Plus heureux qu'à la suite des Rois,
Plein d'horreur pour ce monde infidèle,
Je m'engage à porter votre croix.
    Je m'engage, etc.

Si le Ciel, d'un moment de souffrance,
Doit, Seigneur, être le prix un jour ;
Animé par cette récompense,
Je m'engage à tout pour votre amour.
    Je m'engage, etc.

C'est, mon Dieu, dans vous seul que j'aspire,
A fixer mes plaisirs et mes goûts ;
Pour le Ciel, c'est peu que je soupire ;
Je m'engage à soupirer pour vous.
    Je m'engage, etc.

Puisqu'enfin dans le Ciel, ma patrie,
De mes biens vous serez le plus doux ;
Dès ce jour, et pour toute ma vie,
Je m'engage et je suis tout à vous.
    Je m'engage, etc.

Même sujet.

Air de la marche des Gardes Françaises.

UNE VOIX SEULE.

Quand l'eau sainte du Baptême
Coula sur vos fronts naissans,
Et qu'un Dieu, la bonté même,
Vous adopta pour enfans,
    Muets encore,
D'autres promirent pour vous ;
Aujourd'hui confessez tous
La foi dont un Chrétien s'honore.

TOUTES LES VOIX ENSEMBLE.

Foi de nos pères,
Notre règle et notre amour,
Nous embrassons dans ce jour
Et ta morale et tes mystères.

En vain à ma foi soumise
S'oppose un orgueil trompeur :
Sur les traces de l'Eglise
Puis-je marcher dans l'erreur ?
    Trinité sainte,
Je te confesse et te crois,
Et je t'adore trois fois ,
Et plein d'amour et plein de crainte.
    Foi de nos pères , etc.

Annoncé par mille oracles,
Et de la terre l'espoir ,
L'Homme-Dieu , par ses miracles,
Fait éclater son pouvoir.
    Victime pure ,
Il triomphe du trépas ;
Et je n'adorerais pas
En lui l'Auteur de la Nature !
    Foi de nos pères ,

Que sa morale est divine !
Que sa parole a d'attrait !
Tous les cœurs qu'il illumine ,
Il les console en secret.
    Et l'on blasphême
Ce Dieu fait homme pour nous !
Ingrats ! tombez à genoux....
Voyez s'il mérite qu'on l'aime.
    Foi de nos pères , etc.

Par un funeste héritage,
Nos parens , avec le jour,
Nous transmirent en partage
La haine d'un Dieu d'amour.
    J'implore et crie ! !
Dieu s'offense de mes pleurs.
Mais Jésus a dit : Je meurs ;
Et sa mort me rend à la vie.
    Foi de nos pères , etc.

Ciel ! quelle robe éclatante !
Quel bain pur et bienfaisant !
Quelle parole puissante
D'un Dieu m'a rendu l'enfant !
    Je te baptise....
Le Ciel s'ouvre, plus d'enfer,
Et des Anges le concert
M'introduit au sein de l'Eglise.
    Foi de nos pères, etc.

De quel œil de complaisance
Vous me vîtes, ô mon Dieu,
Quand revêtu d'innocence,
On m'emporta du saint lieu !
    Pensée amère !
O beau jour trop tôt passé !
Hélas ! je me suis lassé,
Mon Dieu, de vous avoir pour père.
    Foi de nos pères, etc.

J'ai blessé votre tendresse,
Violé vos saintes lois :
Vous me rappeliez sans cesse,
Je repoussais votre voix.
    Du moins mes larmes
Obtiendront-elles mon pardon ?
Seigneur, de votre maison
Je puis encor goûter les charmes.
    Foi de nos pères, etc.

Loin de moi, monde profane ;
Fuis, ô plaisir séduisant :
L'Évangile vous condamne,
Vous blessez en caressant.
    Sous votre empire,
Mon Dieu, sont les vrais trésors ;
Vos douceurs sont sans remords :
C'est pour elles que je soupire.
    Foi de nos pères, etc.

Loin de ses tentes coupables,
Où s'agite le pécheur,
Sous vos pavillons aimables
J'irai jouir du bonheur :
Avant l'aurore,
Mon cœur vous appellera,
Et quand le jour finira,
Mes chants vous béniront encore.
Foi de nos pères, etc.

Prière pour demander à Dieu sa bénédiction pendant la nuit.

Sur l'air : *Quand on sait aimer et plaire*, etc.

O Dieu, dont la providence
Fixe nos nuits et nos jours !
De la nuit que je commence
Daignez rendre heureux le cours.
Que vos Anges tutélaires
Veillent sur tous mes momens,
Et que leurs soins salutaires
Gardent mon âme et mes sens.
O Dieu, etc.

Que jamais je ne sommeille
Que dans la paix du Seigneur,
Et que je ne me réveille
Que pour lui donner mon cœur.   *(bis)*
O Dieu, etc.

CANTIQUES

Pour les Dimanches et Fêtes de l'année.

Pour la Fête de tous les Saints.

Sur l'air : *Père de l'Univers.*

O vous ! que dans les Cieux unit la même gloire,
Notre hommage en ce jour vous unit ici-bas :
Dans de pieux transports nous chantons la victoire
 Dont Dieu couronne vos combats.

Pleins du céleste amour, au sein de la sagesse,
Vous goûtez à longs traits les plus chastes plaisirs ;
Votre âme s'y repaît dans une sainte ivresse,
 Du seul objet de vos désirs.

Élevé sur un trône où l'entourent des flammes,
L'immense se complaît dans ses propres grandeur :
Prodigue envers ses Saints, il s'unit à leurs âmes,
 Et les remplit de ses faveurs.

Sur l'autel où Dieu brille armé de son tonnerre,
L'Agneau paraît couvert de son sang précieux ;
La Victime une fois offerte sur la terre,
 S'offre sans cesse dans les Cieux.

Investis des rayons de sa gloire suprême,
Devant Dieu les vieillards sont toujours prosternés,
Et mettent à ses pieds l'auguste diadème
 Dont sa main les a couronnés.

De l'Époux éternel, la Vierge épouse et mère,
Brille au-dessus des Saints au céleste séjour :
Et de Dieu courroucé désarme la colère
 Par le Fils qu'elle met au jour.

Vos éclatantes voix, comme autant de trompettes,
Saints Apôtres, au monde annoncent son Sauveur ;
Et vous les unissez aux concerts des Prophètes,
    Pour rendre hommage à sa grandeur.

Vierges, et vous Martyrs, teints du sang adorable,
Les palmes à la main, vous mêlez tous vos voix,
Et chantez à l'envi ce Cantique admirable :
    Trois fois Saint, est le Roi des Rois.

Saints Pontifes de Dieu ! Désormais sans alarmes,
Vos soins sur vos troupeaux ont cessé pour jamais :
Vous voyez, Pénitens, succéder à vos larmes
    La joie et l'éternelle paix.

Là, Sion retentit d'une sainte harmonie ;
Ici, dans notre exil, nous poussons des soupirs,
Nos instrumens, nos voix, hors de notre patrie,
    Tout se refuse à nos désirs.

Grand Dieu ! quand finira notre triste carrière,
Pour nous unir aux Saints pendant l'éternité ?
Et quand jouirons-nous de la vive lumière,
    Sans voile et sans obscurité ?

Nous ne te verrons plus sous d'obscures images,
Quand nous serons reçus au sein de tes grandeurs :
Ah ! c'est alors, Seigneur, que nos yeux sans nuages
    Verront les traits de tes splendeurs.

Citoyens de Sion, purs esprits, chœurs des Anges,
Vous qui régnez au sein de l'immortalité,
Daignez offrir nos vœux, nos chants et nos louanges
    Aux pieds de la Divinité.

O Saints ! qui nous voyez exposés au naufrage,
Sauvez-nous du péril, assurez notre sort,
Conduisez-nous enfin à l'heureux héritage
    Où conduit une sainte mort.

Sentimens de reconnaissance et d'amour.

Sur l'air : *Des simples jeux de son enfance*, etc.

Seigneur, dès ma première enfance,
Tu me prévins de tes bienfaits ;
Heureux si ma reconnaissance
Dans mon cœur les grave à jamais !
Le monde trompeur et volage,
En vain m'offrirait sa faveur :
Je n'en veux point ; tout mon partage
Est de n'aimer que le Seigneur.

Dieu règne en père dans mon âme,
Il en remplit tous les désirs,
Et l'amour pur dont il m'enflâme
Vaut seul mieux que tous les plaisirs.
    Le monde, etc.

Si je m'égare, il me rappelle ;
Si je tombe, il me tend la main ;
Il me protège sous son aile ;
Il me renferme dans son sein.
    Le monde, etc.

Si je suis constant et fidelle
A conserver son saint amour,
Une récompense éternelle
M'attend dans son divin séjour.
Le monde trompeur et volage,
En vain m'offrirait sa faveur :
Je n'en veux point ; tout mon partage
Est de n'aimer que le Seigneur.

Le Bonheur du service de Dieu.

Sur l'air : *Ah ! vous dirai-je Maman*, etc.

O DIGNE objet de mes chants,
Daigne écouter mes accens ;
Donne-moi cet amour tendre
Qui seul se fait bien entendre :
Règne à jamais sur mon cœur ;
T'aimer, c'est tout mon bonheur.

Ah ! Seigneur, à te servir
Que je trouve de plaisir ;
Si mes yeux versent des larmes,
Mon cœur y trouve des charmes ;
L'amour répand des douceurs
Sur l'amertume des pleurs.

Monde, tu donnes la loi
A ceux qui vivent pour toi ;
Mais que peux-tu sur une âme
Que l'amour divin enflâme ?
Vas, je connais tes douceurs,
Que d'épines sous tes fleurs !

Le Seigneur est mon appui,
Mon espérance est en lui :
Oui, je connais sa tendresse,
Il me tiendra sa promesse ;
Une couronne m'attend,
Si je l'aime constamment.

Hélas ! je languis d'amour
Dans l'attente de ce jour ;
Quand le céleste héritage
Deviendra-t-il mon partage ?
Ah ! serai-je assez heureux
Pour voir combler tous mes vœux ?

Heureux qui garde ses sens
Et qui combat ses penchans !
O Cieux, chantez sa victoire !
Il régnera dans la gloire ;
C'est-là le prix des vertus
Que Dieu donne à ses élus.

Si vous craignez le combat,
De ce prix voyez l'éclat ;
Ah ! quittez enfin le crime,
Vous en seriez la victime ;
Dieu, las de tant de délais :
Frappe enfin, mais pour jamais.

Les Vanités du Monde.

Sur l'air : *Militaire du Drapeau.*

Tout n'est que vanité,
Mensonge, fragilité,
Dans tous ces objets divers,
Qu'offre à nos regards l'univers ;
Tous ces brillans dehors,   Cette pompe
Ces biens, ces trésors :   Tout nous trompe,
Tout nous éblouit ;
Mais tout nous échappe et nous fuit.

Telles qu'on voit les fleurs,
Avec leurs vives couleurs,
Eclore, s'épanouir,
Se faner, tomber et périr :
Tel est des vains attraits   Le partage,
Tel l'éclat, les traits   Du bel âge,
Après quelques jours
Perdent leur beauté pour toujours.

En vain pour être heureux,
Le jeune voluptueux

Se plonge dans les douceurs
Qu'offrent les mondains séducteurs :
Plus il suit les plaisirs   Qui l'enchantent,
Et moins ses plaisirs   Se contentent.
Le bonheur le fuit
A mesure qu'il le poursuit.

Que doivent devenir,
Pour l'homme qui doit mourir,
Ces biens long-temps ramassés,
Cet argent, cet or entassés ?
Fût-il du genre humain   Seul le maître,
Pour lui tout enfin   Cesse d'être ;
Au jour de son deuil,
Il n'a plus à lui qu'un cercueil.

Que sont tous ces honneurs,
Ces titres, ces noms flatteurs ?
Où vont de l'ambitieux,
Les projets, les soins et les vœux ?
Vaine ombre, pur néant,   Vil atôme,
Mensonge amusant,   Vrai Fantôme
Qui s'évanouit
Après qu'il l'a toujours séduit.

Tel qui voit aujourd'hui
Ramper au-dessous de lui
Un peuple d'adorateurs,
Qui brigue à l'envi ses faveurs :
Tel devenu demain   La victime,
D'un revers soudain   Qui l'opprime ;
Nouveau malheureux,
Est esclave et rampe comme eux.

J'ai vu l'impie heureux
Porter son air fastueux
Et son front audacieux
Au-dessus du cèdre orgueilleux :
Au loin tout révérait   Sa puissance,
Et tout adorait   Sa présence ;

          Je passe, et soudain
       Il n'est plus ; je le cherche en vain.

          Que sont donc devenus
       Ces grands, ces guerriers connus ;
       Ces hommes dont les exploits
       Ont soumis la terre à leurs lois ?
   Les traits éblouissans   De leur gloire,
   Leurs noms florissans,   Leur mémoire,
          Avec les héros
       Sont entrés au sein des tombeaux.

          Au savant orgueilleux
       Que sert un génie heureux,
       Un nom devenu fameux,
       Par mille travaux glorieux ?
   Non, les plus beaux talens,   L'éloquence,
   Les succès brillans,   La science,
          Ne servent de rien
       A qui ne sait vivre en Chrétien.

          Arbitre des humains,
       Dieu seul tient entre ses mains
       Les événemens divers
       Et le sort de tout l'Univers :
   Seul, il n'a qu'à parler,   Et la foudre
   Va frapper, brûler,   Mettre en poudre
          Les plus grands héros,
       Comme les plus vils vermisseaux.

          La mort, dans son courroux,
       Dispense à son gré ses coups,
       N'épargne ni le haut rang,
       Ni l'éclat auguste du sang.
   Tout doit un jour mourir,   Tout succombe,
   Tout doit s'engloutir   Dans la tombe,
          Les sujets, les rois,
       Iront se confondre à la fois.

Oui, la mort, à son choix,
Soumet tout âge à ses lois ;
Et l'homme ne fut jamais
A l'abri d'un seul de ses traits :
Comme sur son retour,   La vieillesse,
Dans son plus beau jour,   La jeunesse,
L'enfance au berceau,
Trouvent tour à tour leur tombeau.

O combien malheureux
Est l'homme présomptueux
Qui, dans ce monde trompeur,
Croit pouvoir trouver son bonheur !
Dieu seul est immortel,   Immuable,
Seul grand, éternel,   Seul aimable ;
Avec son secours,
Soyons à lui seul pour toujours.

Élévations à Dieu à la vue des Créatures.

Sur l'air : *Mon honneur dit*, etc.

Du Roi des Cieux tout célèbre la gloire,
Tout à mes yeux peint un Dieu créateur ;
De ses bienfaits perdrais-je la mémoire ?
Tout l'Univers m'annonce son Auteur :
L'astre du jour m'offre par sa lumière
Un faible trait de sa vive clarté :
Au bruit des flots, à l'éclat du tonnerre,
Je reconnais le Dieu de majesté.

Charmans oiseaux de ce riant bocage,
Chantez, chantez, redoublez vos concerts :
Par vos accens rendez un digne hommage
Au Dieu puissant qui régit l'Univers :
Par vos doux sons, votre tendre ramage,
Vous inspirez l'innocence et la paix,
Et vos plaisirs du moins ont l'avantage,
Que les remords ne les suivent jamais.

Aimables fleurs qui parez ce rivage,
Et que l'aurore arrose de ses pleurs,
De la vertu vous me tracez l'image,
Par l'éclat pur de vos vives couleurs :
Si vous séchez où l'on vous voit éclore,
Et ne brillez souvent qu'un jour ou deux,
Votre parfum après vous dure encore,
De la vertu symbole précieux.

Charmant ruisseau qu'on voit, dans la prairie,
Fuir, serpenter, précipiter ton cours,
Tel est, hélas, celui de notre vie :
Comme tes eaux s'écoulent nos beaux jours ;
Tu vas te perdre, à la fin de ta course,
Au sein des mers d'où rien jamais ne sort ;
Et tous nos pas, ainsi dès notre source,
Toujours errans nous mènent à la mort.

Petit mouton qui pais dans cette plaine,
Que tu me plais par ta docilité !
Au moindre mot du berger qui te mène,
On te voit suivre avec fidélité ;
Si des Pasteurs, choisis pour nous conduire,
Nous écoutions comme toi la leçon,
Des loups cruels voudraient en vain nous nuire :
Tu suis l'instinct mieux que nous la raison.

Cher papillon qui, d'une aile légère,
De fleur en fleur voles sans t'arrêter,
De nos désirs tel est le caractère :
Aucun objet ne peut nous contenter ;
Nous courons tous de chimère en chimère
Croyant toujours toucher au vrai bonheur ;
Mais, ici-bas, c'est en vain qu'on l'espère,
Et Dieu peut seul remplir tout notre cœur.

Pour la Présentation de la Sainte Vierge.

Sur l'air : *De tout un peu.*

Dans nos concerts,
Bénissons le nom de Marie,
Dans nos concerts,
Consacrons-lui nos chants divers;
Que tout l'annonce et le publie,
Et que jamais on ne l'oublie,
Dans nos concerts.

Qu'un nom si doux
Est consolant ! qu'il est aimable !
Qu'un nom si doux
Doit avoir de charmes pour nous.
Après Jésus, nom adorable,
Fut-il rien de plus délectable
Qu'un nom si doux !

Ce nom sacré
Est digne de tout notre hommage,
Ce nom sacré
Doit être partout honoré.
Qu'il puisse toujours d'âge en âge,
Être révéré davantage
Ce nom sacré !

Nom glorieux,
Que tout respecte ta puissance,
Nom glorieux !
Et sur la terre et dans les Cieux !
De Dieu tu calmes la vengeance,
Tu nous assures sa clémence,
Nom glorieux !

Par ton secours,
L'âme à son Dieu toujours fidelle,

Par ton secours ,
Dans la vertu coule ses jours.
Sa ferveur , son amour, son zèle,
Se nourrit et se renouvelle
Par ton secours.

Pour le premier Dimanche de l'Avent.

Noël, sur l'air : *Je l'ai planté , je l'ai vu naître , etc.*

(On le chante aussi le jour de l'Annonciation).

LE Dieu que nos soupirs appellent
Hélas ! ne viendra-t-il jamais !
Les siècles qui se renouvellent
Accompliront-ils ses décrets ?

Le verrons-nous bientôt éclore
Ce jour promis à notre foi ?
Viens dissiper , brillante aurore,
Les ombres de l'antique Loi.

C'en est fait , le moment s'avance ,
Un Dieu vient essuyer nos pleurs ;
Il va combler notre espérance ,
Et mettre fin à nos malheurs.

Fille des Rois, ô Vierge aimable,
Parais , sors de l'obscurité :
Reçois le prix inestimable ,
Que tes vertus ont mérité.

Des promesses d'un Dieu fidèle
Le gage en tes mains est remis !
Quel bonheur pour une mortelle !
Un Dieu va devenir ton Fils.

Dans ta demeure solitaire
Je vois un Ange descendu :
O prodige ! ô grâce, ô mystère !
Dieu parle , et le Verbe est conçu.

Mortels, d'une tige coupable
Rejetons en naissant flétris,
Dieu brise le joug déplorable
Où vivaient nos aïeux proscrits.

Son amour nous rend tout facile,
Ne combattons plus ses desseins ;
Parmi nous lui-même il s'exile,
Pour finir l'exil des humains.

Il répand des grâces nouvelles,
Consomme ses engagemens ;
A ses lois soyons tous fidèles
Comme il le fut à ses sermens.

Pour le second Dimanche de l'Avent.

Noël, sur l'air : *Laissez paître vos bêtes.*

Venez, divin Messie,
Sauvez nos jours infortunés,
Venez, source de vie, venez, venez, venez.

Ah ! descendez, hâtez vos pas,
Sauvez les hommes du trépas,
Secourez-nous, ne tardez pas :
Venez divin Messie,
Sauvez nos jours infortunés ;
Venez, source de vie, venez, venez, venez.

Ah ! désarmez votre courroux,
Nous soupirons à vos genoux,
Seigneur nous n'espérons qu'en vous ;
Pour nous livrer la guerre,
Tous les enfers sont déchaînés ;
Descendez sur la terre, venez, venez, venez.

Que nos soupirs soient entendus :
Les biens que nous avons perdus
Ne nous seront-ils pas rendus ?

Voyez couler nos larmes,
Grand Dieu ! si vous nous pardonnez,
Nous n'aurons plus d'alarmes, venez, venez, venez.

Si vous venez en ces bas lieux,
Nous vous verrons victorieux,
Fermer l'Enfer, ouvrir les Cieux :
Nous l'espérons sans cesse,
Les Cieux nous furent destinés ;
Tenez votre promesse, venez, venez, venez.

Ah ! puissions-nous chanter un jour
Dans votre bienheureuse cour,
Et votre gloire et votre amour :
C'est-là l'heureux partage
De ceux que vous prédestinez ;
Donnez-nous en un gage, venez, venez, venez.

Pour la Fête de la Conception de la Sainte Vierge.

Sur l'air : *Ce que je dis est la vérité même.*

REINE des Cieux, de notre tendre hommage
Nous vous offrons le faible enceus ;
Que votre nom soit chanté d'âge en âge,
Qu'il soit toujours l'objet de nos accens.   *Fin.*

Les Cieux l'admirent en silence :
Comment oser célébrer sa grandeur ?
Mais oublions notre impuissance,
Ne consultons que notre cœur.
Reine des Cieux, etc.

De l'homme, hélas ! le crime est le partage,
Il naît coupable et corrompu ;
Dieu la sauva de ce triste naufrage,
Rien n'altéra les traits de sa vertu.   *Fin.*

Ainsi du lis, dans nos prairies,
Rien ne teroit la brillante couleur,
Entouré de tiges flétries
Il ne perd rien de sa blancheur.
De l'homme, hélas ! etc.

L'appât trompeur et séduisant des vices
Ne corrompit jamais son cœur ;
Plaire à son Dieu, fit toujours ses délices,
Vivre pour lui fit toujours son bonheur. *Fin.*

Bientôt son aimable innocence
Et ses vertus vont recevoir leur prix :
Le jour paraît, l'instant s'avance....
Le Fils de Dieu devient son Fils.
L'appât trompeur, etc.

Mère d'un Dieu ! que ce titre sublime
Coûte à son cœur ! qu'il va souffrir !
De nos péchés son Fils est la victime....
Amour, amour, y peux-tu consentir ? *Fin*

Quel sacrifice pour la Mère !
L'amour le veut et l'amour le défend.....
Sa tendresse enfin nous préfère,
Son cœur gémit.... Mais il consent.
Mère d'un Dieu, etc.

O Vierge sainte ! auguste Protectrice,
Que votre amour veille sur nous ;
D'un Dieu sévère apaisez la justice
Et suspendez l'effet de son courroux. *Fin.*

Insensible à notre tristesse,
Si des mortels vous dédaignez les vœux,
Rappelez à votre tendresse
Que votre Fils mourut pour eux.
O Vierge sainte, etc.

Soutenez-nous au milieu des alarmes ,
    Secourez-nous dans nos malheurs ;
Vous plairiez-vous à voir couler nos larmes ?
Vous êtes Mère , et nous versons des pleurs.   *Fin.*

    Ah ! songez que notre misère
Devint pour vous la source des grandeurs :
    Dieu vous eût-il choisi pour Mère ,
    Si nous n'eussions été pécheurs ?
    Soutenez-nous , etc.

Pour le troisième Dimanche de l'Avent.

Noël , sur l'air : *Dans un Ermitage.*

O DIEU de clémence !
Viens par ta présence
Combler nos désirs,
Apaiser nos soupirs.   *Fin.*

Sauveur secourable
Parais à nos yeux,
A l'homme coupable
Viens ouvrir les yeux.

Céleste victime
Ferme-lui l'abîme.
    O Dieu , etc.

Sagesse éternelle
Lumière immortelle ,
Viens du haut des Cieux,
Viens éclairer nos yeux   *Fin.*

Justice adorable
Parais à jamais ,
O toujours aimable ,
Viens céleste paix.

Qu'ils seront durables
Tes biens ineffables !
    Sagesse , etc.

Peuple inconsolable ,
Le Ciel favorable
Sensible à tes pleurs
Met fin à tes malheurs.

Le Dieu de justice
Remplit tes désirs ,
Il sera propice
Aux humbles soupirs :

Ils vont jusqu'au trône
Du Dieu qui pardonne.
    Peuple , etc.

O jour d'allégresse!
Le Ciel s'intéresse
A tous nos malheurs ,
Il calme nos frayeurs.

Un Dieu va paraître ,
Dans l'abaissement ;
Un Dieu vient de naître ,
Dans le dénúment ;

Il est dans l'étable
Pauvre et misérable.
    O jour , etc.

Un dur esclavage
Fut notre partage :
Il brise nos fers
Et sauve l'Univers.

Loin de sa présence
Le crime s'enfuit ,
Et par sa présence
L'enfer est réduit :

A tous sa naissance ,
Rendra l'innocence.
    Un dur , etc.

Fin.

Fin.

Fin.

Chantons tous sa gloire,
Chantons sa victoire ;
Chantons ses bienfaits,
Chantons-les à jamais.

Tous les Cieux s'abaissent
Saisis de respect ;
Nos maux disparaissent
A son seul aspect.

Tout à sa naissance
Cède à sa puissance.
    Chantons , etc.

Gloire à son enfance,
Gloire à sa clémence,
Au plus haut des Cieux,
Gloire, amour en tous lieux.   *Fin*

Que les chœurs des Anges,
Que les immortels
Chantent ses louanges
Avec les mortels !

Qu'à l'envi réponde
Et la terre et l'onde.
    Gloire , etc.

Pour le quatrième Dimanche de l'Avent.

Noël : sur l'air : *Où s'en vont ces gais bergers ?*

OUBLIONS nos maux passés ,
Ne versons plus de larmes ;
Tous nos vœux sont exaucés ;
Nous n'avons plus d'alarmes :
Dieu naît, les démons sont terrassés :
Quel sort eut plus de charmes ?

L'univers était perdu
Par un funeste crime ;
Du Ciel un Dieu descendu,
Le sauve de l'abime :
L'enfer nous était justement dû,
Dieu nous sert de victime.

Ce Dieu qui vient s'incarner
Finit notre disgrâce ;
La justice allait tonner,
Mais l'amour prend la place :
Le Père est prêt à nous condamner,
Le Fils demande grâce.

Nous échappons aux enfers,
Nous sortons d'esclavage ;
Les Cieux vont nous être ouverts
Quel plus heureux partage !
Le salut s'offre à tout l'univers
Amour c'est ton ouvrage.

Pouvons-nous trop estimer
Un sort si désirable ?
Peut-il ne pas nous charmer,
Ce Dieu si favorable ?
Pouvons-nous jamais assez l'aimer ?
Qu'est-il de plus aimable ?

Sous la forme d'un mortel,
C'est un Dieu qui se cache,
Du sein du Père éternel
Son tendre amour l'arrache.
Pour nous il vient s'offrir à l'autel,
Comme un agneau sans tache.

Qu'il nous aime tendrement !
Il se livre lui-même ;
Aimons souverainement

Cette bonté suprême ;
Aimons, aimons ce divin Enfant,
Aimons-le comme il aime.

Pour le Saint Jour de Noël.

Noël, *sur un air ancien.*

D A N S cette étable
Que Jésus est charmant !
Qu'il est aimable
Dans son abaissement !
Que d'attraits à la fois !
Tous les palais des rois
N'ont rien de comparable
Aux beautés que je vois
Dans cette étable.

Que sa puissance
Parait bien en ce jour,
Malgré l'enfance
Où le réduit l'amour ;
L'esclave racheté,
Et tout l'enfer dompté,
Font voir qu'à sa naissance
Rien n'est si redouté
Que sa puissance.

Heureux Mystère !
Jésus souffrant pour nous,
D'un Dieu sévère
Apaise le courroux ;
Pour sauver le pécheur,
Il naît dans la douleur ;
Et sa bonté de Père
Eclipse sa grandeur.
Heureux mystère !

S'il est sensible,
Ce n'est qu'à nos malheurs ;
Le froid horrible
Ne cause point ses pleurs.
Après tant de bienfaits
Notre cœur, aux attraits
D'un amour si visible,
Doit céder désormais,
S'il est sensible.

Que je vous aime !
Peut-on voir vos appas,
Beauté suprême,
Et ne vous aimer pas ?
Puissant Maître des Cieux,
Brûlez-moi de ces feux
Dont vous brûlez vous-même
Ce sont là tous mes vœux.
Que je vous aime !

Pour le même Jour.

Noël, sur l'air : *Eh quoi ! tout sommeille.*

VOTRE divin Maître,
Bergers, vient de naître ;
Rassemblez-vous,
Volez à ses genoux :
Aux hymnes des Anges
Mêlez vos louanges ;
De vos concerts
Remplissez l'Univers.

Fin.

LE CHŒUR.

Notre divin Maître,
Pour nous vient de naître ;
Rassemblons-nous,
Volons à ses genoux ;

Aux hymnes des Anges
Mêlons nos louanges ;
  De nos concerts
Remplissons l'Univers.   *Fin.*

Tendre victime,
Sauveur magnanime,
Il vient de tout crime
Laver les pécheurs ;
  Mais les prémices
De ses dons propices
Et de ses faveurs,
Sont pour les Pasteurs.
  Notre , etc.

  O qu'il est puissant,
Auguste , adorable !
Mais qu'il est affable ,
Humain , doux , aimable ,
  Ce Dieu fait enfant !
Qu'il est beau ! qu'il est grand,
  Qu'il est bienfaisant !
  Qu'il est charmant !
  Notre , etc.

A ce Dieu qui vous aime,
  Venez sans frayeur ;
  Vos agneaux même
  N'ont point sa douceur.
La timide innocence,
  La simple candeur,
  L'humble indigence
  Plaisent à son cœur.

Pour être à vous semblable ,
Il naît dans une étable ;
Il habite un hameau ,
Une crèche fait son berceau !

A vous que tout s'unisse ;
Que , dans ce saint séjour
Tout retentisse
De vos chants d'amour !
Pour lui , musette tendre ,
Hautbois, chalumeaux ,
Faites entendre
Vos sons les plus beaux.
Notre , etc.

Pour le Dimanche de l'Octave de Noël.

Noël, sur l'air : *Tous les Bourgeois de Chartres.*

LE Fils du Roi de gloire
Est descendu des Cieux ;
Que nos chants de victoire
Résonnent dans ces lieux ;
Il dompte les enfers .
Il calme les alarmes,
Il tire l'Univers
Des fers,
Et pour jamais
Lui rend la paix ;
Ne versons plus de larmes.

L'amour seul l'a fait naitre
Pour le salut de tous ;
Il fait par-là connaitre
Ce qu'il attend de nous :
Un cœur brûlant d'amour
Est le plus bel hommage ;
Faisons-lui tour à tour
La cour ;
Dès aujourd'hui
N'aimons que lui ;
Qu'il soit mon seul partage.

Vains honneurs de la terre ,
Je veux vous oublier ;
Le Maître du tonnerre
Vient de s'humilier.
De vos trompeurs appas
Je saurai me défendre ;
Allez, n'arrêtez pas
    Mes pas ;
   Monde flatteur ,
   Monde enchanteur ,
Je ne veux plus t'entendre

Régnez seul en mon âme,
O mon divin Epoux !
N'y souffrez point de flâme
Qui ne s'adresse à vous.
Que voit-on dans ces lieux ?
Que misère et bassesse.
Ne portons plus nos yeux
    Qu'aux Cieux ;
   A votre loi ,
   Céleste Roi ,
J'obéirai sans cesse.

Pour le Jour de la Circoncision.

Sur l'air : *Je suis Lindor.*

O MON Jésus, ô mon bien et ma vie !
Ce jour va donc assurer mon bonheur :
Tu prends le nom, le doux nom de Sauveur ,
Et ton amour déjà le justifie.

C'était pour moi , quand tu venais de naître,
Que de tes pleurs tu mouillais ton berceau ;
Et c'est pour moi que tu viens, tendre agneau ,
Te présenter au glaive du grand-prêtre.

Tu nais à peine , et de ton sang propice
Tu veux déjà sceller tes jours naissans :
Moi , dont le crime a devancé les ans ,
Je n'ai rien fait pour calmer ta justice.

Ah ! dans mon cœur trop long-temps infidèle
Éteins l'orgueil et l'amour du plaisir,
Et que jamais il n'ait d'autre désir
Que de te prendre, ô Jésus ! pour modèle.

Il faut enfin, moi qui fus seul coupable,
Que pour laver mes crimes à mon tour,
Mon repentir, animé par l'amour,
Mêle ses pleurs à ton sang adorable.

L'Épiphanie.

Sur l'air : *De la fontaine de Vaucluse.*

Suivons les Rois dans l'étable
Où l'étoile les conduit ;
Que vois-je, un enfant aimable
De sa crèche les instruit ;
O Ciel ! quels traits de lumière
Frappent mes yeux et mon cœur !
Dans le sein de la misère,
Que d'éclat et de grandeur !

Oui, c'est le Dieu du tonnerre,
Venez fléchir les genoux ;
Adorez, Rois de la terre,
Un Roi plus puissant que vous :
Suivez l'exemple des Mages ;
D'un cœur pur les sentimens
Sont des plus dignes hommages
Que l'or, la myrrhe et l'encens.

Il ne doit point leur hommage
A l'éclat d'un vain dehors :
L'indigence est son partage ;
Ses vertus sont ses trésors.
Sa splendeur ni sa couronne,
Pour les yeux n'ont point d'attraits,
Une crèche fait son trône ;
Une étable est son palais.

O réduit pauvre et champêtre!
Dans ton paisible séjour
L'Univers offre à son Maître
Le tribut de son amour.
Enfin l'heureux jour s'avance
Qu'à nos pères Dieu promit ;
A Bethléem il commence,
Sur la croix il s'accomplit.

Quand la grâce nous appelle,
Gardons-nous de résister ;
Suivons ce guide fidèle ,
Quittons tout sans hésiter
Craignons de perdre de vue
L'astre qui , pendant la nuit ,
Comme du haut de la nue
Nous éclaire et nous conduit.

Invitation aux Bergers à chanter la Naissance de N. S. J. C.

Sur le majeur de l'air : *Allons danser sous ces ormeaux.*

Bergers, par les plus doux accords ,
D'un Dieu célébrez la naissance ;
Bergers, par les plus doux accords ,
Faites éclater vos transports.   *Fin.*
Sous l'humble voile de l'enfance
Ce Dieu cache sa majesté ;
Pour ne songer qu'à sa bonté ,
Il semble oublier sa puissance. Bergers, etc.

Bergers, par les plus doux accords ,
D'un Dieu célébrez la naissance ;
Bergers, par les plus doux accords ,
Faites éclater vos transports.
L'aimable et tranquille innocence
De sa naissance est l'heureux fruit ;
L'enfer se tait, le crime fuit ,
La paix renaît à sa présence. Bergers, etc.

Bergers, par les plus doux accords ;
D'un Dieu célébrez la naissance ;
Bergers, par les plus doux accords,
Faites éclater vos transports.
Né dans le sein de l'indigence
Du pauvre il veut être l'appui ;
Bergers, sur les Rois aujourd'hui
Il vous donne la préférence. Bergers, etc.

Plus il nous voile ses grandeurs
Et veut les couvrir d'un nuage ;
Plus il nous voile ses grandeurs,
Plus il a de droits sur nos cœurs.   *Fin.*

Il a le bonheur en partage,
Sa durée est l'éternité,
Sa grandeur est l'immensité,
Et l'univers est son ouvrage. Plus, etc.

Plus il nous voile ses grandeurs
Et partage notre misère,
Plus il nous voile ses grandeurs,
Plus il a de droits sur nos cœurs.
Il créa le ciel et la terre
Et son palais est un hameau ;
Une humble crêche est le berceau
Du Dieu qui lance le tonnerre. Plus, etc.

Plus il nous voile ses grandeurs,
Plus il doit nous trouver fidèles ;
Plus il nous voile ses grandeurs,
Plus il a de droits sur nos cœurs.
Volez des voûtes éternelles,
Anges, qu'embrase son amour :
Volez vers son obscur séjour,
Venez le couvrir de vos ailes. Plus, etc.

Ses dons remplissent l'Univers,
Tout nous en trace la peinture ;
Ses dons remplissent l'univers,
Célébrons-le dans nos concerts.

C'est lui qui forma la structure
Du grand édifice des Cieux :
Des beautés qui charment nos yeux,
C'est lui qui pare la nature. Ses dons, etc.

Ses dons remplissent l'Univers,
Offrons-lui nos tendres hommages ;
Ses dons remplissent l'Univers,
Célébrons-le dans nos concerts.
C'est lui qui donne à nos bocages
La verdure de leurs rameaux,
Nos champs, nos vallons, nos coteaux,
Sont ses bienfaits, sont ses ouvrages. Ses, etc.

Ses dons remplissent l'Univers,
De sa bonté tout est l'image ;
Ses dons remplissent l'Univers,
Célébrons-le dans nos concerts.
A le chanter tout nous engage,
Le doux murmure des ruisseaux,
L'innocente voix des oiseaux,
L'écho qui nous rend leur ramage. Ses, etc.

Chargés du poids de ses bienfaits,
N'en perdons jamais la mémoire ;
Chargés du poids de ses bienfaits,
Pourrions-nous l'oublier jamais.   *Fin.*
A ce Dieu seul honneur et gloire
Au ciel, sur la terre et les mers,
Eternisons dans nos concerts
Les jours naissans de sa victoire. Chargés, etc.

Chargés du poids de ses bienfaits,
Pourrions-nous douter qu'il nous aime ;
Chargés du poids de ses bienfaits,
Pourrions-nous l'oublier jamais.
Un trait de son amour extrême
Mettra le comble à ses faveurs,
Un jour, pour nous, dans les douleurs,
Nous le verrons mourir lui-même. Chargés, etc.

Chargés du poids de ses bienfaits,
Que pour l'aimer nos cœurs s'unissent ;
Chargés du poids de ses bienfaits,
Pourrions-nous l'oublier jamais.
Qu'en son nom les genoux fléchissent
Jusqu'aux bornes de l'Univers ;
Que les airs, les Cieux, les enfers,
Du nom de Jésus retentissent. Chargés, etc.

A chanter cet aimable Enfant
L'oiseau consacre son ramage :
Pour chanter cet aimable Enfant,
Tout semble avoir du sentiment. *Fin.*

Et l'homme fait à son image
Pour qui ce Dieu naît en ce jour,
Pour reconnaître son amour
Seul n'aurait-il point de langage ! A chanter, etc.

Chérissons cet aimable Enfant,
Plus il descend, plus il nous aime ;
Chérissons cet aimable Enfant
Dans cet excès d'abaissement. *Fin*

Pour nous sa tendresse est extrême,
Sa bonté doit nous enflammer ;
Puisqu'un Dieu daigne nous aimer,
Sans doute il mérite qu'on l'aime. A chanter, etc.

Les Fruits de la Naissance de N. S. J. C.

Sur l'air : *Laissez paître vos bêtes.*

Amour, honneur, louanges,
Au Dieu sauveur dans son berceau,
Chantons avec les Anges
Un Cantique nouveau. *Fin*

Si cet Enfant verse des pleurs,
C'est pour attendrir les pécheurs
Et mettre fin à nos malheurs ;

  Chargé de notre offense,
Il calme le courroux des Cieux;
  La paix, par sa naissance,
  Va régner en tous lieux.
   Amour, etc.

Si notre cœur est dans l'ennui,
Nous ne devons chercher qu'en lui
Et notre force et notre appui.
  Loin de nous les alarmes,
Le trouble et les soucis fâcheux;
  Un jour si plein de charmes
  Doit combler tous nos vœux.
   Amour, etc.

Quand il nous voit prêts à périr,
Pour nous lui-même il veut s'offrir,
Et par sa mort vient nous guérir.
  A l'ardeur qui le presse,
Joignons nos généreux efforts,
  Et que de sa tendresse
  Tout suive les transports.
   Amour, etc.

Ne craignons que le noir séjour;
Ce Dieu qui naît pour notre amour
Nous ouvre la céleste cour :
  Le démon plein de rage
A beau frémir dans les enfers,
  De son dur esclavage
  Nous briserons les fers.
   Amour, etc.

Sortons des ombres de la nuit,
Suivons cet astre qui nous luit,
Au vrai bonheur il nous conduit :
  Entrant dans la carrière,
Partout il porte ses ardeurs;
  Sa brillante lumière
  Enchante tous les cœurs.
   Amour, etc.

Par son immense charité,
Il rend à l'homme racheté
Le droit à l'immortalité :
  Sous son heureux empire,
Les biens seront toujours parfaits;
  Heureux qui ne soupire
  Qu'après ses doux attraits !
    Amour, etc.

Pour le Jour de la Fête du Catéchisme.

Sous l'invocation de la Sainte Enfance de N. S. J. C.

LA SAINTE ENFANCE.

Sur l'air : *Mes chers enfans, unissez-vous.*

ENFANT, notre Dieu, notre Roi,
  O Jésus, qui dans cet asile,
Vois à tes pieds une troupe docile
D'enfans heureux de marcher sous ta loi ;
  Permets que leur reconnaissance,
  Dans ses chants, célèbre en ce jour
Les premiers dons de ton divin amour,
  Et les bienfaits de ton enfance.

  Divin Enfant, ta douce voix.
  Du pécheur fléchit la rudesse ;
Par un regard, une seule caresse,
Tu sais payer celui qui suit tes lois.
  Sans toi de quoi sert la science
  Au savant le plus renommé ?
Mais l'ignorant sait tout, s'il est formé
  A l'école de ton enfance.

  S'il faut souffrir la pauvreté,
  Tes langes, ton chétif asile
Étoufferont, dans mon cœur indocile,
Les noirs chagrins d'un orgueil révolté.

Je m'instruirai, par ton silence,
A souffrir en paix mes douleurs ;
Ou je saurai du moins mêler mes pleurs
Avec les pleurs de ton enfance.

Voudrais-je chercher des soutiens
Dans les honneurs et la richesse ?
Non, non, par ton apparente bassesse
J'apprends enfin à juger les vrais biens.
A la crèche où tu prends naissance,
Laissant mes honneurs et mon or,
Je ne veux plus garder d'autre trésor
Que les leçons de ton enfance.

Monde trompeur, garde pour toi
Tes jeux, tes ris et ton ivresse,
Mais laisse-nous en paix de la sagesse
Goûter les dons et méditer la loi.
En vain une fausse apparence
Voudrait irriter nos désirs,
La piété donne les vrais plaisirs,
Le vrai bonheur à notre enfance.

Mondains, bientôt il doit s'enfuir,
Le printemps heureux de la vie ;
D'un long hiver elle sera suivie,
Cette saison si courte du plaisir.
Nous, pour pouvoir de l'innocence
Prolonger l'âge précieux,
Long-temps encor nous viendrons dans ces lieux ,
Pour nous instruire avec l'enfance.

O Dieu fort, montre ton pouvoir
En appuyant notre faiblesse ;
Maintiens l'honneur de ta sainte promesse
Et des méchans anéantis l'espoir.
Tous se livrent à la démence
D'une sacrilége fureur ;
De ton Église adoucis la douleur,
Conserve-lui du moins l'enfance.

Autre Cantique pour le même Jour.

Au saint Berceau
Qu'entourent mille Archanges,
Où naît pour vous des enfans les plus beau
Venez unir votre amour, vos louanges,
Peuple naissant, cher espoir du troupeau,
Au saint Berceau.

Dieu tout-puissant,
Vous que l'amour fait naître,
Qui par amour daignez vous faire Enfant,
Roi, mon Sauveur, Enfant d'un jour, mon Maître,
Par quels transports vous accueillir naissant,
Dieu tout-puissant ?

Le voyez-vous ?
Déjà par son sourire
De votre cœur il se montre jaloux :
Il tend les bras ; sa bonté vous attire.
Fut-il jamais engagement plus doux ?
Le voyez-vous !

Oui, je le vois ;
Mais plus pressante encore,
Jusqu'à mon cœur a pénétré sa voix :
Je vis pour toi dès ma première aurore ;
Tes premiers ans, dit-il, tu me les dois.
Oui, je le vois.

Quelle douleur !
Mon Dieu verse des larmes.
J'entends ses cris ; ils déchirent mon cœur.
Enfant Jésus, d'où naissent vos alarmes ?
Qui peut troubler la paix de mon Sauveur ?
Quelle douleur !

Ne pleurez plus ;
Si, disciple infidèle
J'ai démenti vos divines vertus,
Je veux enfin imiter mon modèle :
J'apprendrai tout au Berceau de Jésus.
Ne pleurez plus.

Quelle leçon
Nous donne cette étable !
Quel dénûment ! quel plus triste abandon !
Et cet Enfant ! qui naît si misérable,
Descend des Cieux, du monde est la rançon !
Quelle leçon !

La pauvreté
Compagne de sa vie
N'aigrira plus mon orgueil révolté.
J'abjure enfin et la plainte et l'envie,
Puisque Jésus a par choix adopté
La pauvreté.

Docile enfant,
Dans sa retraite obscure
Il vit caché, grandit obéissant.
Et ce Dieu fort qui créa la nature,
D'un vil travail lasse un bras tout-puissant.
Docile enfant !

Faible mortel !
Contre un joug salutaire
J'armai souvent un orgueil criminel.
Ah ! j'oubliais qu'obéir et me taire
C'est imiter le Fils de l'Éternel.
Faible mortel !

Quelle ferveur,
Quand, humble Israélite,
Il vient au Temple adorer le Seigneur,

Et quand la nuit, près sa couche bénite,
Devant son père il épanche son cœur,
Quelle ferveur !

Lieu plein d'attrait,
La maison de prière
Me voit toujours froid, volage, distrait.
Ah ! désormais je baise ta poussssière,
De tes parvis je m'éloigne à regret,
Lieu plein d'attrait !

Des vains plaisirs
Fuis, troupe enchanteresse,
A mon Sauveur tu coûtes des soupirs :
Loin, loin de moi, grandeurs, éclats, richesse !
Un Dieu souffrant défend jusqu'aux désirs
Des vains plaisirs.

Le seul pour moi,
C'est que long-temps encore
J'apprenne ici, Seigneur, ta sainte loi ;
C'est qu'aux lieux même où je le vis éclore,
Je goûte en paix le bonheur de la foi,
Le seul pour moi.

Au saint Berceau,
Ah ! puisse l'innocence
Chercher toujours son appui, son flambeau !
Près l'Enfant-Dieu prolonger notre enfance,
Et tous les ans trouver plaisir nouveau,
Au saint Berceau.

Fruit des Leçons du Catéchisme.

Sur l'air : *O toi qui n'eus jamais dû naître !*

QUE je me plais dans ton enceinte,
Lieu sacré, fortuné séjour,
Où Dieu m'instruit de sa loi sainte,
Et grave en mon cœur son amour.

École, où Jésus à l'enfance
Révèle ses plus hauts secrets ;
Saint asile, où mon innocence
Brave le vice et ses attraits.

Ici, je vois par quels miracles
Dieu jadis montra son pouvoir ;
Je médite ses saints oracles,
Ses préceptes et mon devoir.
Ici, sous un joug salutaire,
L'Église enchaîne mon orgueil,
Et d'une audace téméraire
M'apprend à fuir le triste écueil.

S'il faut que ma raison révère
Le nuage mystérieux
Qui me dérobe une lumière
Dont l'éclat blesserait mes yeux ;
La Foi, d'une main secourable,
Me prêtant ici son flambeau,
Du Sanctuaire impénétrable
Soulève pour moi le rideau.

Si ma juste reconnaissance
Présente à mon Dieu chaque jour
L'hommage de ma dépendance
Et le tribut de mon amour :
A mes parens si plus docile,
Sans murmurer j'entends leur voix
C'est à tes leçons, cher asile,
A tes conseils que je le dois.

Monde, ne vante plus tes charmes,
Tu n'enflammes pas mes désirs ;
Je sais quels dégoûts, quelles larmes
Payent tes coupables plaisirs.
Ce n'est qu'ici que mon enfance
De vrais biens goûte la douceur ;
Les plaisirs purs de l'innocence
Peuvent seuls donner le bonheur.

Regrets sur les Enfans qui abandonnent trop tôt le Catéchisme.

Sur l'air : *Père de l'Univers.*

GRAND DIEU! tous ces enfans formés à ton école,
Qui naguère avec nous partageaient tes leçons,
Que tu daignais nourrir du pain de ta parole,
    Hélas! en vain nous les cherchons.

Qu'à servi du Pasteur la tendresse attentive ?
Malheureux, il n'a pu les fixer sous ses lois :
Il les appelle en vain, leur troupe fugitive
    Ne veut plus entendre sa voix.

Ingrats! souvenez-vous de ce jour mémorable
Qui nous vit tous ensemble autour du saint autel,
A ce Dieu, qui daignait nous admettre à sa table,
    Promettre un amour éternel.

Comme nous à ses pieds, les yeux baignés de larmes,
Vous juriez que toujours vous seriez ses enfans ;
Que ses leçons pour vous auraient toujours des charmes ;
    Où sont vos pleurs et vos sermens ?

Revenez parmi nous ; vous ne pouvez attendre
Dans ce monde où déjà vous portent vos désirs,
Ni de bonheur plus pur, ni d'amitié plus tendre,
    Ni de plus innocens plaisirs.

Prière pour M. le Curé.

Sur l'air : *Autour de nos sacrés Autels.*

CONSERVE-NOUS long-temps, Seigneur,
    Notre guide fidèle ;
Garde au troupeau son bon Pasteur,
    Au Juste son modèle.

Comme un miel pur , ta loi toujours
Découle de sa bouche ;
Et plus encor que ses discours,
Son exemple nous touche.

Au Chrétien laisse encor long-temps
Le flambeau qui l'éclaire ;
Long-temps encore à ses enfans
Laisse un si tendre père.
Ne l'appelle à toi que vieillard ;
Diffère son attente ;
Et si le prix lui vient plus tard ,
Que ta bonté l'augmente.

Pour la Purification de la Sainte Vierge.

Sur l'air : *Du fond de vos forêts.*

A la Reine des Cieux offrons un tendre hommage;
Réunissons pour elle et nos voix et nos cœurs,
Réunissons pour elle et nos voix et nos cœurs.   *Fin.*
A la Reine , etc.

A chanter ses grandeurs
Consacrons la fleur de notre âge.
A la Reine , etc.

Heureux celui qui, dès l'enfance,
Lui fait de soi-même le don ,
Et met son innocence
A l'abri de son nom !
A la Reine , etc.

Aux yeux du Tout-Puissant elle fut toujours pure ;
Chantons sur le péché son triomphe éclatant,
Chantons sur le péché , etc.

Son cœur même un instant
Ne reçut jamais de souillure
Aux yeux, etc.

    Plus sainte que les chœurs des Anges,
    Des Trônes et des Chérubins;
        Elle a droit aux louanges
        Des mortels et des Saints.
  Aux yeux, etc.

Le Dieu de Sainteté la choisit pour sa Mère,
Rendons, rendons hommage à sa maternité;
    Rendons, etc.

            Par son humilité
        A ses yeux purs elle sut plaire.
    Le Dieu, etc.

        Elle fut épouse et féconde
        Sans nuire à sa virginité;
            Et le Sauveur du monde,
            De ses flancs nous est né.
    Le Dieu, etc.

Son saint nom aux enfers toujours fut redoutable;
Chantons sur les démons son empire constant;
    Chantons, etc.

            Sa main du noir serpent
        Ecrasa la tête coupable.
    Son saint nom, etc.

        En vain de l'erreur renaissante
        Les monstres se sont élevés,
            Sa force triomphante
            Les a tous captivés.
    Son saint nom, etc.

Tout retrace à nos yeux l'éclat de sa puissance,
Sans cesse qu'à sa gloire on dresse des autels:
    Sans cesse, etc.

            Sur elle les mortels
        Fondent leur solide espérance.
    Tout, etc.

    Auprès de Dieu, dans leurs disgrâces,
    Elle est le salut des humains,
      Et la sources des grâces
      Vient à nous par ses mains.
  Tout, etc.

Elle est et notre Reine et notre tendre Mère,
Vivons sous son empire, annonçons ses bienfaits.
  Vivons, etc.

      On n'est trompé jamais
    Lorsqu'en sa bonté l'on espère.
  Elle est, etc.

      Toujours sa tendresse facile
    Se rend sensible à nos malheurs !
      Elle est toujours l'asile
      Et l'espoir des pécheurs....
  Elle est, etc.

O Vierge toujours sainte ! ô Mère toujours tendre !
Soyez, soyez propice aux vœux de vos enfans.
  Soyez, etc.

      Que sur nos jeunes ans
    Vos faveurs viennent se répandre !
  O Vierge, etc.

    De votre bonté salutaire
    Daignez nous prêter le secours ;
      Montrez-vous notre Mère
    Dans l'enfance et toujours.
  O Vierge, etc.

Pour le Dimanche de la Septuagésime.

Dialogue entre Dieu et le Pécheur.

Sur l'air : *Des Folies d'Espagne.*

Dieu.

Reviens, pécheur, à ton Dieu qui t'appelle ;
Viens au plus tôt t'arranger sous sa loi :
Tu n'as été déjà que trop rebelle,
Reviens à lui puisqu'il revient à toi.

Le Pécheur.

Voici, Seigneur, cette brebis errante
Que vous daignez chercher depuis long-temps ;
Touché, confus d'une si longue attente,
Sans plus tarder, je reviens, je me rends.

Dieu.

Pour t'attirer ma voix se fait entendre ;
Sans me lasser partout je te poursuis ;
D'un Dieu, pour toi, du père le plus tendre,
J'ai les bontés, ingrat, et tu me fuis.

Le Pécheur.

Errant, perdu, je cherchais un asile ;
Je m'efforçais de vivre sans effroi.
Hélas ! Seigneur, pouvais-je être tranquille,
Si loin de vous, et vous si loin de moi ?

Dieu.

Attraits, frayeurs, remords, secret langage,
Qu'ai-je oublié dans mon amour constant ?
Ai-je pour toi dû faire davantage ?
Ai-je pour toi dû même en faire autant !

Le Pécheur.

Je me repens de ma faute passée,
Contre le Ciel, contre vous j'ai péché;
Mais oubliez ma conduite insensée,
Et ne voyez en moi qu'un cœur touché.

Dieu.

Si je suis bon, faut-il que tu m'offense?
Ton méchant cœur s'en prévaut chaque jour;
Plus de rigueur vaincrait ta résistance,
Tu m'aimerais, si j'avais moins d'amour.

Le Pécheur.

Que je redoute un Juge, un Dieu sévère!
J'ai prodigué des biens qui sont sans prix;
Comment oser vous appeler mon Père?
Comment oser me dire votre fils?

Dieu.

Marche au grand jour que t'offre ma lumière,
A sa faveur tu peux faire le bien;
La nuit bientôt finira ta carrière,
Funeste nuit où l'on ne peut plus rien.

Le Pécheur.

Dieu de bonté, principe de tout être,
Unique objet digne de nous charmer,
Que j'ai long-temps vécu sans vous connaître!
Que j'ai long-temps vécu sans vous aimer!

Dieu.

Ta courte vie est un songe qui passe,
Et de ta mort le jour est incertain;
Si j'ai promis de te donner ta grâce,
T'ai-je jamais promis le lendemain?

Le Pécheur.

Votre bonté surpasse ma malice,
Pardonnez-moi ce long égarement;
Je le déteste, il fait tout mon supplice,
Et pour vous seul j'en pleure amèrement.

Dieu.

Le Ciel doit-il te combler de délices
Dans le moment qui suivra ton trépas?
Ou bien l'enfer t'accabler des supplices?
C'est l'un des deux, et tu n'y penses pas.

Le Pécheur.

Je ne vois rien que mon cœur ne défie,
Malheurs, tourmens, ou plaisirs les plus doux;
Non, fallut-il cent fois perdre la vie,
Rien ne pourra me séparer de vous.

Pour le Dimanche de la Sexagésime.

Sur l'air: *Un jour d'y lou bouscatgé.*

SEIGNEUR, Dieu de clémence,
Reçois ce grand pécheur,
A qui la pénitence
Touche aujourd'hui le cœur:
Vois d'un œil secourable
L'excès de son malheur,
Et d'un œil favorable
Accepte sa douleur.

Je suis un infidèle
Qui méconnus tes lois;
Un perfide, un rebelle,
Qui péchai mille fois.

Jamais dans l'innocence ,
Je n'ai coulé mes jours ;
Toujours plus d'une offense
En a terni le cours.

Chargé de mille crimes ,
Souvent j'ai mérité
D'entrer dans les abîmes
Pour une éternité :
J'ai peu craint la colère
De ton bras irrité ;
Mais cependant j'espère ,
Seigneur, en ta bonté.

Lorsqu'à ton indulgence
Un coupable a recours ,
Des traits de ta vengeance
Ton cœur suspend le cours.
Rempli de confiance
J'ose venir à toi :
Au nom de ta clémence ,
Grand Dieu ! pardonne-moi.

Hélas ! quand je rappelle
Combien je fus pécheur ,
Une douleur mortelle
S'empare de mon cœur.
Par quel malheur extrême
Ai-je offensé souvent
Un Dieu , la bonté même ,
Un Dieu si bienfaisant ?

Fuis loin , péché funeste ,
Dont je fus trop charmé ;
Péché , je te déteste ,
Autant que je t'aimai.
O Dieu bon ! ô bon Père !
Tu vois mon repentir ;
Avant de te déplaire ,
Plutôt , plutôt mourir.

C'est fait, je le déteste,
Plus de péché pour moi :
Le Ciel que j'en atteste,
Garantira ma foi ;
Le Dieu qui me pardonne
Aura tout mon amour ;
A lui seul je le donne
Sans bornes, sans retour.

Pour le Dimanche de la Quinquagésime.

Sur un air nouveau.

GRACE, grâce, Seigneur, arrête tes vengeances,
Et détourne un moment tes regards irrités ;
J'ai péché, mais je pleure ; oppose à mes offenses,
Oppose à leur grandeur celle de tes bontés.

Je sais tous mes forfaits, j'en connais l'étendue :
En tous lieux, en toute heure, ils parlent contre moi ;
Par tant d'accusateurs mon âme confondue,
Ne prétend pas contre eux disputer devant toi.

Tu m'avais par la main conduit dès ma naissance,
Sur ma faiblesse en vain je voudrais m'excuser ;
Tu m'avais fait, Seigneur, goûter ta connaissance,
Mais de tes dons, hélas ! je n'ai fait qu'abuser.

De tant d'iniquités la foule m'environne ;
Fils ingrat, cœur perfide, en proie à mes remords,
La terreur me saisit, je tremble, je frissonne ;
Pâle, et les yeux éteints, je descends chez les morts.

Ma voix sort du tombeau, c'est du fond de l'abîme
Que j'élève vers toi mes lugubres accens.
Fais monter jusqu'aux pieds de ton trône sublime,
Cette mourante voix, et ces cris languissans.

O mon Dieu ! quoi ce nom, je le prononce encore !
Non, non, je t'ai perdu, j'ai cessé de t'aimer :
O toi, qu'en frémissant je supplie et j'adore,
Grand Dieu ! d'un nom plus doux puis-je oser te nommer ?

Dans les gémissemens, l'amertume et les larmes,
Je repasse des jours passés dans les plaisirs ;
Et voilà tout le fruit de ces jours pleins de charmes :
Un souvenir affreux, la honte et les soupirs.

Ces soupirs, devant toi, sont ma seule défense ;
Un coupable par eux ne peut-il t'attendrir ?
N'as-tu pas un trésor de grâce et de clémence ?
Dieu de miséricorde, il est temps de l'ouvrir.

Où fuir, où me cacher, tremblante créature,
Si tu viens en courroux pour compter avec moi ?
Que dis-je ? Etre infini, dans toi je me rassure,
Et me sens trop heureux de compter avec toi.

L'homme seul est pour l'homme un juge inexorable ;
Où l'esclave aurait-il appris à pardonner ?
C'est la gloire du Maître : absoudre le coupable
N'appartient qu'à celui qui le peut condamner.

Tu le peux, mais souvent ta veux qu'il te désarme ;
Il te fait violence, il devient ton vainqueur ;
Le combat n'est pas long, il ne faut qu'une larme ;
Que de péchés efface une larme du cœur !

Non jamais, non, grand Dieu ! tu nous l'as dit toi-même,
Un cœur humble et contrit ne sera méprisé ;
Le mien l'est ; tu le vois, tu reconnais qu'il t'aime ;
Il est digne de toi, la douleur l'a brisé.

Si tu le ranimais de sa première flâme,
Que bientôt il aurait sa joie et sa vigueur !
Mais non, fais plus pour moi, renouvelle mon âme,
Et daigne dans mon sein former un nouveau cœur.

De mes crimes alors je te ferai justice,
Et ma reconnaissance armera ta rigueur ;
Oui, tu peux me laisser le soin de mon supplice :
Je veux être pour toi mon juge et ton vengeur.

Le tourment est toujours au crime nécessaire,
J'ai ma grâce à ce prix, il la faut mériter :
Je te dois, je le sais, je veux te satisfaire ;
Mais donne-moi, grand Dieu ! le temps de m'acquitter.

Plus heureux est celui que tu frappes en père :
Il connait ton amour et ta sévérité :
Ici-bas, quels que soient les coups de ta colère,
L'enfant que tu punis n'est point déshérité.

Coupe, brûle ce corps ; mais épargne mon âme ;
Frappe, fais-moi payer tout ce qui fut à toi,
Arme-toi dans le temps du fer et de la flâme ;
Mais dans l'éternité, Seigneur épargne-moi.

Quand j'aurais sous tes lois vécu depuis l'enfance,
Criminel en naissant, je ne dois que pleurer !
Pour me conduire à toi la route est la souffrance :
Loi triste, route affreuse... Entrons sans murmurer.

De la main de ton Fils, j'accepte le calice ;
Mais, hélas ! mais je sens ma main prête à tomber,
De ce trouble honteux mon cœur est-il complice ?
Je suis le criminel, dois-je donc reculer ?

C'est ton Fils qui le tient, que ma foi se rallume :
Il l'a bu le premier, oserais-je en douter ?
Que dis-je, il en a bu la plus grande amertume,
Il m'en laisse le reste, et je n'ose en goûter.

Je me jette à tes pieds, ô Croix, chaire sublime,
D'où le Dieu de douleur instruit tout l'Univers !
Saint autel, où l'amour embrase la victime !
Arbre où mon Rédempteur vient suspendre mes fers.

Etendard de mon chef, qui marche à notre tête,
Tribunal où j'adore et mon Juge et mon Roi ;
Trône et char du vainqueur dont je suis la conquête,
Lit où je pris le jour, que j'expire sur toi.

Pour le premier Dimanche de Carême.

Sur l'air : *Mon cœur, en ce jour solennel.*

TRAVAILLEZ à votre salut;
Quand on le veut il est facile;
Chrétiens n'ayez point d'autre but :
Sans lui tout devient inutile.
Sans le salut, pensez-y bien,
Tout ne vous servira de rien.

Oh! que l'on perd en le perdant!
On perd le céleste héritage;
Au lieu d'un bonheur si charmant,
On a l'enfer pour son partage.
  Sans le salut, etc.

Que sert de gagner l'Univers,
Dit Jésus, si l'on perd son âme,
Et s'il faut au fond des enfers
Brûler dans l'éternelle flâme?
  Sans le salut, etc.

Rien n'est digne d'empressement,
Si ce n'est la vie éternelle;
Tout le reste est amusement,
Tout n'est que pure bagatelle.
  Sans le salut, etc.

C'est pour toute une éternité
Qu'on est heureux ou misérable :
Que devant cette vérité
Tout ce qui se passe est méprisable !
  Sans le salut, etc.

Grand Dieu! que tant que nous vivrons
Cette vérité nous pénètre !
Ah ! faite que nous nous sauvions,
A quelque prix que ce puisse être.
  Sans le salut, etc.

Pour le second Dimanche de Carême.

Sur l'air : *Bénissez le Seigneur suprême.*

Nous passons comme une ombre vaine,
Nous ne naissons que pour mourir.
Quand la mort doit-elle venir ?
    L'heure en est incertaine.

La mort à tout âge est à craindre.
Chaque pas conduit au tombeau ;
Tous nos jours ne sont qu'un flambeau
    Qu'un souffle peut éteindre.

Je vois un torrent en furie
Disparaître après un moment ;
Hélas ! aussi rapidement
    S'écoule notre vie.

Dans nos jardins la fleur nouvelle
Ne dure souvent qu'un matin ;
Tel est, mortel, votre destin ;
    Vous passerez comme elle.

La mort doit nous réduire en poudre,
Vous mourrez, superbes guerriers :
N'espérez pas que vos lauriers :
    Vous sauvent de la foudre.

Vous qu'on adore sur la terre,
Vous périrez, vaine beauté ;
Vous avez la fragilité
    Comme l'éclat du verre.

Vous qui faites trembler les autres,
Rois, arbitres de notre sort ;
Vous êtes sujets à la mort
    Ainsi que tous les vôtres.

Pourquoi donc cette attache extrême
Aux biens, aux honneurs, aux plaisirs ?
Hélas ! tout ce qui doit finir
    Mérite-t-il qu'on l'aime ?

Que la mort peut être funeste !
Que ce passage est important !
C'est le seul et fatal instant
Qui décide du reste.

Ah ! tandis que tout m'abandonne,
Anges, ne m'abandonnez pas :
C'est du dernier de mes combats
Que dépend ma couronne.

Et vous, ô Vierge débonnaire !
Venez ranimer mon ardeur ;
Je suis un perfide, un pécheur,
Mais vous êtes ma Mère.

Si je mérite tes vengeances,
Ah ! grand Dieu ! regarde ton Fils ;
Il va t'offrir pour moi le prix
De toutes ses souffrances.

C'est lui qui bannit nos alarmes
Dans ce redoutable moment ;
Quand on peut mourir en l'aimant,
Que la mort a de charmes !

Pour le troisième Dimanche de Carême.

Sur l'air : *Partez, puisque Mars,* etc.

Dieu va déployer sa puissance ;
Le temps comme un songe s'enfuit :
Les siècles sont passés, l'éternité commence,
Le monde va rentrer dans l'horreur de la nuit.
Dieu, etc.

J'entends la trompette effrayante ;
Quel bruit ! quels lugubres éclairs !
Le Seigneur a lancé la foudre étincelante,
Et ses feux dévorans embrasent l'Univers.
J'entends, etc.

Les monts foudroyés se renversent ;
Les êtres sont tous confondus :
La mer ouvre son sein, les ondes se dispersent ;
Tout est dans le chaos, et la terre n'est plus.
    Les monts, etc.

Sortez des tombeaux, ô poussière,
Dépouille des pâles humains :
Le Seigneur vous appelle, il vous rend la lumière
Il va sonder les cœurs et fixer vos destins.
    Sortez, etc.

Il vient, tout est dans le silence,
Sa Croix porte au loin la terreur ;
Le pécheur consterné frémit à sa présence,
Et le juste lui-même est saisi de frayeur.
    Il vient, etc.

Assis sur un trône de gloire,
Il dit : Venez, ô mes élus !
Comme moi vous avez remporté la victoire,
Recevez de mes mains le prix de vos vertus.
    Assis, etc.

Tombez dans le sein des abîmes,
Tombez, pécheurs audacieux ;
De mon juste courroux, immortelles victimes,
Vils suppôts des démons, vous brûlerez comme eux.
    Tombez, etc.

Vous n'êtes plus, vaines chimères,
Objet d'un sacrilège amour :
Fléau du genre humain, oppresseurs de vos frères,
Héros tant célébrés, qu'êtes-vous dans ce jour ?
    Vous, etc.

Triste éternité de supplices,
Tu vas donc commencer ton cours ?
De l'heureuse Sion, ineffables délices,
Bonheur, gloire des Saints, vous durerez toujours.
    Triste, etc.

Grand Dieu ! qui sera la victime
De ton implacable fureur ?
Quel noir pressentiment me tourmente et m'opprime !
La crainte et les remords me déchirent le cœur.
       Grand Dieu, etc.

De tes jugemens, Dieu sévère,
Pourrai-je subir les rigueurs ?
J'ai péché ; mais ton sang désarme ta colère :
J'ai péché ; mais mon crime est éteint par mes pleurs.
       De tes jugemens, etc.

Pour le quatrième Dimanche de Carême.

Sur l'air : *Père de l'Univers.*

Quelle fatale erreur ! quel charme nous entraîne !
Rien n'égala jamais notre stupidité ;
Il est pour les pécheurs une éternelle peine,
      Et nous aimons l'iniquité.

De Dieu sur nos excès, voyant le long silence,
On croit qu'impunément on le peut offenser ;
Mais s'il exerce tard sa terrible vengeance,
      Son temps viendra de l'exercer.

C'est après notre mort que, montrant sa justice,
Il sait rendre à chacun ce qu'il a mérité ;
Mais, soit qu'alors sa main récompense ou punisse,
      C'est pour toute une éternité.

Devant Dieu les damnés seront toujours coupables ;
En mourant criminels, ils sont morts endurcis ;
Il faut donc qu'en enfer, des maux toujours durables,
      De tant de forfaits soient le prix.

La beauté du Seigneur, l'éternel héritage,
Les plaisirs ravissans du céleste séjour,
Jamais des réprouvés ne seront le partage :
      Ils ont tout perdu sans retour.

O brasier de l'enfer ! ô flammes dévorantes !
Qu'un Dieu dans son courroux ne cesse d'allumer,
Vous brûlez le pécheur dans ces prisons ardentes,
    Hélas ! mais sans le consumer.

Malheureux, que la mort leur semble désirable !
Ils voudraient n'être plus, pour cesser de souffrir :
Mais c'est du Ciel contre eux l'arrêt irrévocable :
    Souffrir toujours, jamais mourir.

Toujours dans leurs tourmens la même violence !
Non, ils n'espèrent point un état plus heureux :
Est-il dans les enfers un rayon d'espérance ?
    Toujours un désespoir affreux.

Un mal, quoique léger, nous semble insupportable,
Lorsque c'est pour long-temps qu'il nous faut l'endurer ;
Mais l'enfer est le mal le plus intolérable,
    Et l'enfer doit toujours durer.

Après avoir souffert des millions d'années,
Et le plus long des temps que l'esprit peut penser,
Les damnés loin de voir leurs peines terminées,
    Les sentiront recommencer.

De ces peines sans fin, la pensée accablante
Afflige leur esprit sans cesser un moment :
L'éternité pour eux toute entière est présente ;
    L'éternité fait leur tourment.

Éternels hurlemens, tortures éternelles !
Feux, brasiers éternels, éternelle fureur !
O peines de l'enfer que vous êtes cruelles !
    Je le crois, et je suis pécheur !

O vous ! cœurs obstinés, aveugles dans le crime !
Qui ne redoutez point les coups vengeurs des Cieux !
Un jour ensevelis dans l'éternel abîme,
    Trop tard vous ouvrirez les yeux.

Craignons, mortels, craignons ce gouffre formidable,
Portons-en dans l'esprit un souvenir constant :
Le vice alors pour nous n'aura plus rien d'aimable,
La vertu rien de rebutant.

Grand Dieu! Tout-Puissant, terrible en vos vengeances,
Purifiez nos cœurs avant notre trépas :
Coupez, brûlez, tranchez : punissez nos offenses,
Pour toujours ne nous perdez pas.

Pour la Fête de l'Annonciation.

(Cantique du premier Dimanche de l'Avent.)

Pour le Dimanche de la Passion.

Sur l'air : *Que ne suis-je la fougère ?*

Au sang qu'un Dieu va répandre,
Ah ! mêlez du moins vos pleurs,
Chrétiens, qui venez entendre
Le récit de ses douleurs ;
Puisque c'est pour vos offenses
Que ce Dieu souffre aujourd'hui,
Animés par ses souffrances,
Vivez et mourez pour lui.

Dans un jardin solitaire
Il sent de rudes combats ;
Il prie, il craint, il espère ;
Son cœur veut et ne veut pas :
Tantôt la crainte est plus forte,
Et tantôt l'amour plus fort ;
Mais enfin l'amour l'emporte
Et lui fait choisir la mort.

Judas, que la fureur guide,
L'aborde d'un air soumis ;
Il l'embrasse, et ce perfide
Le livre à ses ennemis.

Judas, un pécheur t'imite
Quand il feint de l'apaiser,
Souvent sa bouche hypocrite
Le trahit par un baiser.

On l'abandonne à la rage
De cent tigres inhumains ;
Sur son aimable visage
Les soldats portent leurs mains.
Vous deviez, Anges fidèles,
Témoins de ces attentats,
Ou le mettre sous vos ailes,
Ou frapper tous ces ingrats.

Ils le traînent au Grand-Prêtre
Qui seconde leur fureur,
Et ne veut le reconnaître
Que pour un blasphémateur :
Quand il jugera la terre
Ce Sauveur aura son tour ;
Aux éclats de son tonnerre
Tu le connaîtras un jour.

Tandis qu'il se sacrifie
Tout conspire à l'outrager ;
Pierre lui-même l'oublie,
Et le traite d'étranger ;
Mais Jésus perce son âme
D'un regard tendre et vainqueur,
Et met d'un seul trait de flâme
Le repentir dans son cœur.

Chez Pilate, on le compare
Au dernier des scélérats :
Qu'entends-je ! ô peuple barbare !
Tes cris sont pour Barrabas.
Quelle indigne préférence !
Le juste est abandonné,
On condamne l'innocence,
Et le crime est pardonné.

On le dépouille, on l'attache ;
Chacun arme son courroux :
Je vois cet Agneau sans tache,
Tombant presque sous les coups :
C'est à nous d'être victimes,
Arrêtez, cruels bourreaux !
C'est pour effacer nos crimes
Que son sang coule à grands flots.

Une couronne cruelle
Perce son auguste front ;
A ce chef, à ce modèle,
Mondains vous faites affront ;
Il languit dans les supplices,
C'est un homme de douleurs ;
Vous vivez dans les délices,
Vous vous couronnez de fleurs.

Il marche, il monte au Calvaire,
Chargé d'un infâme bois ;
De-là, comme d'une chaire,
Il fait entendre sa voix.
Ciel, dérobe à la vengeance
Ceux qui m'osent outrager ;
C'est ainsi, quand on l'offense,
Qu'un Chrétien doit se venger.

Une troupe mutinée
L'insulte et crie à l'envi :
S'il changeait sa destinée
Nous croirions tous en lui.
Il peut la changer sans peine,
Malgré vos nœuds et vos clous ;
Mais le nœud qui seul l'enchaîne,
C'est l'amour qu'il a pour nous.

Ah ! de ce lit de souffrance,
Seigneur ne descendez pas :
Suspendez votre puissance,
Restez-y jusqu'au trépas ;

Mais tenez votre promesse,
Attirez-nous après vous ;
Pour prix de votre tendresse,
Puissions-nous y mourir tous !

Il expire, et la Nature
Dans lui pleure son Auteur ;
Il n'est point de créature
Qui ne marque sa douleur.
Un spectacle si terrible
Ne pourra-t-il me toucher ?
Et serais-je moins sensible
Que n'est le plus dur rocher ?

Pour le Dimanche des Rameaux : Mystères de la Passion de N. S. J. C.

Sur l'air : *Grâce, grâce, Seigneur.*

JÉSUS AU JARDIN.

Est-ce vous que je vois, ô mon Maître adorable,
Pâle, abattu, sanglant, victime des douleurs ?
Fallait-il à ce prix racheter un coupable,
Qui même à votre sang ne mêla pas ses pleurs ?

JÉSUS TRAHI.

Judas vous livre aux juifs dans sa fureur extrême,
Peut-il à cet excès, le traître, vous haïr !
Comme lui, mille fois, je dis que je vous aime,
Et je ne rougis point, ingrat, de vous trahir.

JÉSUS PRIS.

On vous charge de fers, innocente victime,
Peuple, Prêtres, et Roi, tous s'arment contre vous :
Si le Ciel est si lent à venger un tel crime,
C'est votre amour, Jésus, qui suspend son courroux.

JÉSUS MOQUÉ.

On vous couvre d'affronts, on vous raille, on vous frappe,
Mépris, soufflets, crachats, rien ne peut vous aigrir :
Nul murmure secret, nul mot ne vous échappe,
Et moi, sans éclater, je ne puis rien souffrir.

JÉSUS FLAGELLÉ.

O barbare fureur ! dans son sang un Dieu nage,
Sur lui mille bourreaux s'acharnent tour à tour,
Ils redoublent leurs coups, ils épuisent leur rage,
Mais rien ne peut jamais affaiblir son amour.

JÉSUS COURONNÉ D'ÉPINES.

Quand je vois mon Sauveur, mon chef et mon modèle,
Ceint d'un bandeau sanglant d'épines de douleurs,
Combien dois-je rougir, lâche, infâme, infidèle,
D'aimer à me plonger dans le sein des douceurs !

JÉSUS CRUCIFIÉ.

Quel spectacle effrayant ! ô Ciel, quelle injustice !
Jésus, quoique innocent, en croix meurt attaché ;
Un Dieu juste, un Dieu bon ordonne ce supplice :
Jugez de-là, mortels, quel mal est le péché !

JÉSUS ÉLEVÉ EN CROIX.

Votre Fils expirant, entre vous et la terre,
Est comme un mur, grand Dieu ! qui pare à tous vos coups ;
S'il vous plaît de nous perdre ; il faut que le tonnerre
Frappe ce Fils chéri pour venir jusqu'à nous.

RÉFLEXION.

Tu le vois mort, pécheur, ce Dieu qui t'a fait naître !
Sa mort est ton ouvrage, et devient ton appui :
A ce trait de bonté tu dois au moins connaître
Que s'il est mort pour toi, tu dois vivre pour lui.

CONCLUSION.

O victime d'amour ! ô noble sacrifice !
O sanglante agonie ! ô cruelles rigueurs !
O trépas bienheureux ! salutaire supplice,
Vous serez à jamais l'entretien de nos cœurs.

Pour le Saint Jour de Pâques.

Sur l'air : *De la Fanfare de Saint Cloud.*

CESSE tes concerts funèbres ;
Le jour qu'attendait ta foi,
Du sombre sein des ténèbres,
O Sion ! paraît pour toi :
Ton Dieu, Maître des miracles,
Par un prodige nouveau,
Pour accomplir ses oracles,
Sort vainqueur de son tombeau.

Allez, Apôtres timides ;
De Jésus ressuscité,
Devant ces juges perfides
Prêchez la divinité.
Parlez... Qu'aujourd'hui les traîtres
Apprennent en frémissant,
Que le Dieu de leurs ancêtres
Est le seul Dieu Tout-Puissant.

Sa gloire était moins brillante
Et jetait bien moins d'effroi
Sur la montagne brûlante
Où sa main grava sa loi :
La victoire le couronne,
La Croix devance ses pas ;
D'un bras vengeur, à son trône,
Il enchaîne le trépas.

Quand du sein de la poussière
Jésus se lève vainqueur,
Qui le rend à la lumière ?
Qui nous rend notre Sauveur ?
C'est lui : ses mains invincibles
Ont soudain et sans effort,
Brisé les portes terribles
De l'enfer et de la mort.

En vain, peuple déicide,
Tu fais sceller son tombeau !
De ta présence stupide
Il rit, et brise ton sceau ;
Etendu sur la poussière,
Ton satellite cruel
Attend qu'un coup de tonnerre
L'écrase et venge le Ciel.

Rentrez enfin dans vous-mêmes,
Cœurs barbares et jaloux ;
Craignez les rigueurs extrêmes
D'un juge armé contre vous ;
Changez... Tout pécheur qui change
Sans retour n'est pas proscrit :
Ce Dieu juste, qui se venge,
Est un Dieu qui s'attendrit.

Loin de consommer ton crime
Par l'horreur du désespoir,
Gémis, ingrate Solyme...
Un soupir peut l'émouvoir :
Bien plus doux qu'il n'est à craindre
Pécheurs, s'il tonne sur vous,
Une larme peut éteindre
Tous les feux de son courroux.

Doutez-vous de sa tendresse ?
Il vous a donné son cœur ;
Il vous invite, il vous presse
D'avoir part à son bonheur :

Volez, hâtez-vous de suivre
Votre guide, votre appui ;
Mais sachez qu'il faut revivre
Pour triompher avec lui.

Pour le Dimanche de Quasimodo.

Invitation aux Enfans qui doivent communier.

Sur l'air : *Dans cette étable.*

Troupe innocente
D'enfans chéris des Cieux
Dieu vous présente
Son festin précieux ;
Il veut, ce doux Sauveur,
Entrer dans votre cœur :
Dans cette heureuse attente,
Soyez plein de ferveur,
Troupe innocente.

Acte de Foi et d'Adoration.

Mon divin Maître !
Par quel amour, comment
Daignez-vous être
Dans votre Sacrement ?
Vous y venez pour moi :
Plein d'une vive foi,
J'y viens vous reconnaître
Pour mon Sauveur, mon Roi,
Mon divin Maître.

Acte d'Humilité.

Dieu de puissance !
Je ne suis qu'un pécheur ;
Votre présence
Me remplit de frayeur ;

Mais pour voir effacés
Tous mes péchés passés,
Un seul trait de clémence,
Un mot seul est assez,
Dieu de puissance !

Acte de Contrition.

Mon tendre Père,
Acceptez les regrets
D'un cœur sincère,
Honteux de ses excès ;
Vous m'en verrez gémir
Jusqu'au dernier soupir :
Avant de vous déplaire,
Puissai-je ici mourir,
Mon tendre Père !

Acte d'Amour.

Plus je vous aime,
Plus je veux vous aimer.
O bien suprême,
Qui seul peut me charmer !
Mais, ô Dieu pleins d'attraits !
Quand avec vos bienfaits
Vous vous donnez vous-même ;
Plus en vous je me plais,
Plus je vous aime.

Acte de Désir.

Que je désire
De ne m'unir qu'à vous !
Que je soupire
Après un bien si doux !
Oh ! quand pourra mon cœur
Goûter tout le bonheur
D'être sous votre empire !
Hâtez-moi la faveur
Que je désire.

Pour le deuxième Dimanche après Pâques, et le jour de la première Communion.

Sur l'air : *Un inconnu pour vos charmes soupire.*

Mon Bien-aimé ne paraît pas encore :
Trop longue nuit, dureras-tu toujours ?
　　Tardive aurore, hâte ton cours ;
Rends-moi, Jésus, ma joie et mes amours ;
Mon doux Jésus, que seul j'aime et j'implore.

　De ton flambeau déjà les étincelles,
Astre du jour, raniment mes désirs ;
　　Tu renouvelles tous mes soupirs.
Servez mes vœux, avancez mes plaisirs ;
Anges du Ciel, portez-moi sur vos ailes.

　Je t'aperçois, asile redoutable,
Où l'Eternel descend de sa grandeur ;
　　Temple adorable du Rédempteur,
Si dans tes murs il voile sa splendeur,
Ce Dieu d'amour n'en est que plus aimable.

　Sans nul éclat le vrai Dieu va paraître ;
De cet Autel il vient s'unir à moi.
　　Est-ce mon Maître ? est-ce mon Roi ?
Laissez, mes yeux, laissez agir ma foi ;
Un œil Chrétien ne peut le méconnaître.

　Du Roi des Rois je suis le Tabernacle ;
Oui, de mon âme un Dieu devient l'époux.
　　Charmant spectacle ! espoir trop doux !
Rendez, grand Dieu, mon cœur digne de vous ;
Votre amour seul peut faire ce miracle.

　Je m'attendris sans trouble et sans alarmes ;
Amour divin, je ressens vos langueurs.
　　Heureuses larmes ! aimables pleurs !
Oh ! que mon cœur y trouve de douceurs !
Tous vos plaisirs mondains ont-ils ces charmes ?

Tristes penchans, malheureux fruits du crime,
C'est vous qu'il veut que j'immole à son choix :
Ce Dieu m'anime ; suivons ses lois.
Parlez, Seigneur, j'écoute votre voix :
Mon cœur est prêt, nommez-lui la victime.

Ce pain des forts soutiendra mon courage.
Venez, démons, de mon bonheur jaloux ;
Que votre rage vous arme tous :
Je ne crains point vos plus terribles coups ;
De ma victoire un Dieu devient le gage.

Il me remplit d'une douce espérance,
Qui me suivra plus loin que le trépas :
Si sa puissance soutient mon bras,
C'est peu pour lui d'animer mes combats,
Il veut encore être ma récompense.

Pour un pécheur que sa tendresse est grande !
Qu'elle mérite un généreux retour !
Mais quelle offrande pour tant d'amour ?
Prenez mon cœur, ô mon Dieu, dans ce jour ;
C'est le seul don que votre cœur demande.

Pour le même jour.

Sur un air connu.

Mon cœur, en ce jour solennel,
Il faut enfin choisir un maître ;
Balancer serait criminel,
Quand Dieu seul est digne de l'être.
C'en est donc fait, ô Dieu sauveur !
A vous seul je donne mon cœur.

A qui doit-il appartenir,
Ce cœur qui vous doit l'existence,
Que vous avez daigné nourrir
De votre immortelle substance ?
C'en est donc fait, etc.

A chercher la félicité,
Hélas ! en vain je me consume ;
Loin de vous tout est vanité,
Déplaisir, tristesse, amertume.
    C'en est donc fait, etc.

Vous seul pouvez me rendre heureux ;
Je le sens, oui, votre présence
A pleinement comblé mes vœux,
Et fixé ma longue inconstance.
    C'en est donc fait, etc.

Que sont tous les biens d'ici-bas !
Qu'ils ont peu de valeur réelle !
Tous ensemble ils ne peuvent pas
Satisfaire une âme immortelle.
    C'en est donc fait, etc.

Que puis-je désirer de plus ?
Je possède mon Dieu lui-même :
Ah ! tous les biens sont superflus
Quand on jouit du bien suprême.
    C'en est donc fait, etc.

En vain, trop séduisans plaisirs,
Vous faites briller tous vos charmes ;
Vous trompez toujours nos désirs,
Et vous finissez par des larmes.
    C'en est donc fait, etc.

Dans votre festin précieux,
Quelle innocente et douce ivresse !
O quels plaisirs délicieux
Me fait goûter votre tendresse !
    C'en est donc fait, etc.

Le monde prétend à tout prix
Qu'à suivre ses lois je m'engage :
Tu n'obtiendras que mon mépris,
Monde aussi trompeur que volage.
    C'en est donc fait, etc.

Vous m'avez dit avec douceur :
Mon enfant, prends mon joug aimable;
Quand on le porte avec ardeur
Il est léger, doux, agréable.
    C'en est donc fait, etc.

Qu'ils sont étonnans vos bienfaits !
Leur grandeur fait mon impuissance.
Eh ! comment pourrais-je jamais
Acquitter ma reconnaissance ?
    C'en est donc fait, etc.

Vous voulez bien me demander
De mon cœur la chétive offrande ;
Hésiterais-je d'accorder
Ce que le Tout-Puissant demande ?
    C'en est donc fait, etc.

Oui, ce cœur vous est consacré ;
Je veux que toujours il vous aime ;
J'en atteste le don sacré
Qu'il tient de votre amour extrême.
    C'en est donc fait, etc.

Pour le même Jour.

Sur un air nouveau.

Ou sur l'air : *La Victoire en chantant.*

TOUS LES ENFANS ENSEMBLE.

CÉLÉBRONS ce grand jour par des chants d'allégresse;
  Nos vœux sont enfin satisfaits ;
Bénissons le Seigneur, publions sa tendresse,
  Chantons, exaltons ses bienfaits.
  Pour nous, tout pécheurs que nous sommes,
  Il descend des Cieux en ce jour;
  C'est parmi les enfans des hommes
  Qu'il aime à fixer son séjour.

Chantons sous cette voûte antique
Le Dieu qui règne sur nos cœurs ;
Célébrons par un saint Cantique
Et notre amour et ses faveurs.

LES GARÇONS.

O filles de Sion, que cette auguste enceinte
Retentisse de vos concerts !
Ces lieux sont tout remplis de la majesté sainte
Du Dieu puissant de l'Univers.
Bon Père, à des enfans qu'il aime
(Cieux, admirez tant de bonté !)
Il donne, en se donnant lui-même,
Le pain de l'immortalité.
Chantons, etc.

LES FILLES.

Comme nous en ce jour nourris du pain des Anges
Bénissez-le, jeunes Chrétiens ;
Chantons-le tour à tour, répétons les louanges
Du Dieu qui nous comble de biens.

Bon pasteur, aux meilleurs herbages
Il conduit ses jeunes agneaux ;
Il les mène aux plus frais ombrages ;
Il les mène aux plus claires eaux.
Chantons, etc.

LES GARÇONS.

Ta parole est, Seigneur, plus douce à mon oreille
Que l'instrument le plus flatteur ;
Ta parole est pour moi ce qu'à la jeune abeille
Est le suc de la tendre fleur.
Trois fois heureuse la famille
Fidèle aux lois que tu prescris,
Où la mère en instruit sa fille,
Où le père en instruit son fils !
Chantons, etc.

LES FILLES.

Loin des traits du chasseur la colombe timide
        Cherche le repos des déserts :
J'ai cherché le repos dans le Temple où réside
        Le Dieu bienfaisant que je sers.
        Sous les tentes des grands du monde,
        Courez, peuple aveugle et pécheur ;
        Moi j'ai choisi la paix profonde
        Des Tabernacles du Seigneur.
            Chantons, etc.

LES GARÇONS.

Dieu, que je crains ce monde où les plaisirs, les vices
        De toutes parts vont m'assiéger !
O toi, qui de mon cœur as reçu les prémices,
        Veille sur lui dans le danger !
        De tes saints préceptes d'avance
        Munis-le comme d'un rempart ;
        Entoure mon adolescence
        De la sagesse du vieillard.
            Chantons, etc.

LES FILLES.

Loin de moi ces faux biens que les mondains chérissent,
        Et dont l'éclat est si trompeur !
Périssables humains, sur des biens qui périssent
        Comment fonder notre bonheur ?
        Il se dérobe à la poursuite,
        Et dès qu'on l'avait cru saisir,
        Le temps l'emporte dans sa fuite,
        Et nous laisse le repentir.
            Chantons, etc.

LES GARÇONS.

La course des méchans, plus fugitive encore,
        Les précipite vers leur fin ;
Je les vis redoutés à ma première aurore,
        Et je les cherche à mon matin.

Tel que dans les champs qu'il inonde
S'engloutit un torrent fangeux,
Un moment ils troublent le monde,
Et leurs noms meurent avec eux.
  Chantons, etc.

LES FILLES.

Bien plus heureux, Seigneur, qui marche à ta lumière,
  Sur ta loi réglant tous ses pas,
Et qui, dans l'innocence achevant sa carrière,
  S'endort paisible entre tes bras !

  Son nom, qui fleurit d'âge en âge,
  D'un doux parfum répand l'odeur ;
  De la terre il reçoit l'hommage,
  Du Ciel il goûte le bonheur.
   Chantons, etc.

LES GARÇONS.

Je n'ai formé qu'un vœu, que mon Dieu l'accomplisse !
  Puissé-je au pied de ses Autels,
Fidèle adorateur, passer à son service
  Le reste de mes jours mortels.

  Que sa demeure me soit chère,
  Qu'elle plaise à mon cœur épris
  Comme la maison d'un bon père
  Au cœur sensible d'un bon fils.
   Chantons, etc.

LES FILLES,

O toi, qu'avec frayeur le Chérubin contemple,
  Et qui t'abaisses jusqu'à moi,
Qui du cœur d'un enfant aujourd'hui fais ton Temple,
  Quand les Cieux tremblent devant toi !

  Ah ! puissé-je, avant qu'infidelle,
  Je perde un si cher souvenir,
  Mourir comme la fleur nouvelle
  Cueillie avant de se flétrir.
   Chantons, etc.

TOUS ENSEMBLE.

Oui, Seigneur, désormais rangés sous ton empire,
    Nous y voulons vivre et mourir ;
Mais ce vœu que l'amour aujourd'hui nous inspire,
    Pouvons-nous sans toi l'accomplir ?
    C'est toi qui nous donnas la vie ;
    Que ta grâce en règle le cours ;
    Que ta loi constamment suivie,
    Console enfin nos derniers jours !
      Chantons, etc.

Pour le même Jour.

Sur l'air : *On dit qu'à quinze ans.*

CHANTONS en ce jour
Jésus et sa tendresse extrême ;
  Chantons en ce jour
Et ses bienfaits et son amour.
    Il a daigné lui-même
    Descendre dans nos cœurs ;
    De ce bonheur suprême
    Célébrons les douceurs ! Chantons, etc.

    O Dieu de grandeur !
Plein de respect, je vous révère ;
   O Dieu de grandeur !
J'adore dans vous mon Seigneur :
    Si ce profond mystère
    Vient éprouver ma foi,
    C'est l'amour qui m'éclaire
    Et vous découvre en moi. O Dieu, etc.

    Mon Divin époux,
Mon âme à vous seul s'abandonne ;
   Mon divin époux,
Mon âme n'a d'espoir qu'en vous.

Que l'enfer gronde et tonne,
Qu'il s'arme de fureur ;
Il n'a rien qui m'étonne,
Jésus est dans mon cœur. Mon Divin, etc.

Aimons le Seigneur,
Ne cherchons jamais qu'à lui plaire ;
Aimons le Seigneur,
Il fera seul notre bonheur.
Ami le plus sincère,
Généreux bienfaiteur,
Il est plus, il est père ;
Donnons-lui notre cœur. Aimons, etc.

Pour tous vos bienfaits
Que vous offrir, ô divin Maître !
Pour tous vos bienfaits
Je me donne à vous pour jamais.
En moi je sentis naître
Les transports les plus doux,
Quand je pus vous connaître
Et m'attacher à vous. Pour tous, etc.

O Dieu tout-puissant !
Par ta divine Providence,
O Dieu tout-puissant !
Conserve mon cœur innocent.
Dès la plus tendre enfance
Tu guidas tous mes pas ;
Soutiens mon innocence,
Couronne mes combats. O Dieu, etc.

Pour le même Jour.

Sur l'air : *Te bien aimer*, etc.

Qu'ils sont aimés, grand Dieu, tes Tabernacles !
Qu'ils sont aimés et chéris de mon cœur !
Là tu te plais à rendre tes oracles ;
La foi triomphe, et l'amour est vainqueur.

Qu'il est heureux celui qui te contemple,
Et qui soupire aux pieds de tes Autels !
Un seul moment qu'on passe dans ton Temple,
Vaut mieux qu'un siècle aux palais des mortels.

Je nage au sein des plus pures délices ;
Le Ciel entier, le Ciel est dans mon cœur :
Dieu de bonté ! de faibles sacrifices
Méritaient-ils cet excès de bonheur ?

En les comblant, par un charme suprême,
Un Dieu puissant irrite mes désirs :
Il me consume, et je sens que je l'aime ;
Et cependant je m'exhale en soupirs.

Antour de moi les Anges, en silence,
D'un Dieu caché contemplent la splendeur :
Anéantis en sa sainte présence.....
O Chérubins ! enviez mon bonheur !

Et je pourrais, à ce monde qui passe,
Donner un cœur par Dieu même habité !
Non, non, mon Dieu, je puis tout par ta grâce.
Dieu, sauve-moi de ma fragilité.

En Souverain règne, commande, immole ;
Règne surtout par le droit de l'amour.
Adieu, plaisirs ; adieu, monde frivole ;
A Jésus seul j'appartiens sans retour.

Motifs de confiance en Marie.

AIR : *Pauvre Jacques*, etc.

UNE VOIX.

Vous qu'en ces lieux combla de ses bienfaits
Une mère auguste et chérie,
Enfans de Dieu, que vos chants à jamais
Exaltent le nom de Marie.   *(bis)*.

Je vois monter tous les vœux des mortels
  Vers le Trône de sa clémence :
Tout à sa gloire élève des Autels,
  Des mains de la reconnaissance.

TOUS.

Nous qu'en ces lieux combla de ses bienfaits
  Une Mère auguste et chérie,
Enfans de Dieu, que nos chants à jamais
  Exaltent le nom de Marie.   (*bis*).

Ici sa voix, puissante sur nos cœurs,
  A la vertu nous encourage ;
Sur le saint joug elle répand des fleurs ;
  Notre innocence est son ouvrage.   (*bis*).

Si le lion rugit autour de nous,
  Elle étend son bras tutélaire :
L'Enfer frémit d'un impuissant courroux
  Et le Ciel sourit à la terre.
    Nous qu'en ces lieux, etc.

Quand le chagrin, de ses traits acérés,
  Blesse nos cœurs et les déchire,
Sensible Mère, elle est à nos côtés ;
  Avec nos cœurs le sien soupire.   (*bis*)

Combien de fois sa prévoyante main
  De l'ennemi rompit la trame !
Nous la priions, et nous sentions soudain
  La paix descendre dans notre âme.
    Nous qu'en ces lieux, etc.

Battu des flots, vains jouets du trépas,
  La foudre grondant sur sa tête,
Le nautonnier se jette dans ses bras,
  L'invoque, et voit fuir la tempête.   (*bis*).

Tel le Chrétien sur ce monde orageux
  Vogue toujours près du naufrage :
Mais à Marie adresse-t-il ses vœux,
  Il aborde en paix au rivage.
    Nous qu'en ces lieux, etc.

Heureux celui qui, dès ses premiers ans,
  Se fit un bonheur de lui plaire !
Heureux ceux qu'elle adopta pour enfans !
  La Reine des Cieux est leur Mère.   *(bis)*.

Oui, sa bonté se plaît à secourir
  Un cœur confiant qui la prie.
Siècles, parlez !... vit-on jamais périr
  Un vrai serviteur de Marie ?
    Nous qu'en ces lieux, etc.

Vos fronts, pécheurs, pâlissent, abattus,
  A l'aspect du souverain Juge.
Ah ! si Marie est Reine des Vertus,
  Des pécheurs elle est le refuge.   *(bis)*.

Déposez donc en son sein maternel
  Votre repentir et vos larmes,
Elle priera.... Des mains de l'Éternel
  Bientôt s'échapperont les armes.
    Nous qu'en ces lieux, etc.

Si vous avez dans toute sa fraîcheur
  Conservé la tendre innocence,
Ah ! votre Mère en a sauvé la fleur ;
  Elle vous garda dès l'enfance.   *(bis)*.

A son Autel venez, enfans chéris,
  Savourer de saintes délices.
Consacrez-lui vos cœurs et vos esprits ;
  Elle en mérite les prémices.
    Nous qu'en ces lieux, etc.

Séjour sacré, saint Temple, lieu chéri,
  Faut-il donc quitter ton enceinte !
Faut-il aller de ce monde ennemi
  Braver la meurtrière atteinte !   *(bis)*.

Tendre Marie, ah ! nous allons périr !
  Le scandale inonde la terre !
Veillez sur nous, daignez nous secourir ;
  Montrez-vous toujours notre Mère.
    Nous qu'en ces lieux, etc.

Pour le troisième Dimanche après Pâques.

Sur un air connu.

LE monde en vain, par ses biens et ses charmes,
Veut m'engager à vivre sous sa loi ;
Mais pour me vaincre il faut bien d'autres armes ;
Je ne crains rien, Jésus est avec moi.

Venez, venez, puissances de la terre ;
Déchaînez-vous pour me ravir ma foi :
Quand de concert vous me feriez la guerre,
Je ne crains rien, Jésus est avec moi.

Cruel Satan, arme-toi de ta rage ;
Que tes démons se liguent avec toi :
Tu ne pourras abattre mon courage ;
Je ne crains rien, Jésus est avec moi.

Non, non, jamais la mort la plus cruelle
Ne me fera trahir ce divin Roi ;
Jusqu'au trépas je lui serai fidèle ;
Je ne crains rien, Jésus est avec moi.

Que les enfers, les airs, la terre et l'onde
Conspirent tous à me remplir d'effroi :
Quand je verrais crouler sur moi le monde,
Je ne crains rien, Jésus est avec moi.

Divin Jésus, mon unique espérance,
Vous pouvez tout ; oui, Seigneur, je le croi :
Mon cœur en vous est plein de confiance ;
Je ne crains rien, Jésus est avec moi.

Pour le quatrième Dimanche après Pâques.

Sur l'air : L'Aurore vient de naître.

GOUTEZ, âmes ferventes,
Goûtez votre bonheur ;
Mais demeurez constantes
Dans votre sainte ardeur.

Heureux le cœur fidèle
Où règne la ferveur !
On possède avec elle
Tous les dons du Seigneur.
Tous les dons du Seigneur.

Elle est le vrai partage
Et le sceau des élus ;
Elle est l'appui, le gage
Et l'âme des vertus. Heureux, etc.

Par elle la foi vive
S'allume dans les cœurs,
Et sa lumière active
Guide et règle nos mœurs. Heureux, etc.

Par elle l'espérance
Ranime ses soupirs,
Et croit jouir d'avance
Du Dieu de ses désirs. Heureux,

Par elle dans les âmes
S'accroît de jour en jour
L'activité des flâmes
Du saint, du pur amour. Heureux, etc.

C'est sa vertu puissante
Qui garantit nos sens
De l'amorce attrayante
Des plaisirs séduisans. Heureux, etc.

C'est sous sa vigilance
Que l'esprit, que le cœur
Gardent leur innocence,
Et sauve leur pudeur. Heureux, etc.

C'est elle qui de l'âme
Dévoile la grandeur,
Et le zèle s'enflâm
Par sa vive chaleur. Heureux, etc.

De l'âme pénitente
Elle rend doux les pleurs,
Et de l'âme souffrante
Elle éteint les douleurs.　　Heureux, etc.

Celui qui fut docile
A vivre sous ses lois,
Courut d'un pas agile
La route de la Croix.　　Heureux, etc.

Par elle du martyre
Les sanglantes rigueurs,
Au cœur qui le désire,
N'offrent que des douceurs.　　Heureux, etc.

Elle est, pour qui seconde
Ses généreux efforts,
Une source féconde
De célestes trésors.　　Heureux, etc.

Une larme sincère,
Un seul soupir du cœur,
Par elle a de quoi plaire
Aux yeux purs du Seigneur.　　Heureux, etc.

C'est elle qui prépare
Tous ces traits de beauté,
Dont la main de Dieu pare
Les Saints dans sa clarté.　　Heureux, etc.

Sous ses heureux auspices
On goûte les bienfaits,
Les charmes, les délices
De la plus douce paix.　　Heureux, etc.

Mais sans sa vive flâme
Tout déplaît, tout languit ;
Et la beauté de l'âme
Se fane et dépérit.
Heureux le cœur fidèle
Où règne la ferveur !
On n'a part qu'avec elle
Aux bontés du Seigneur.

L'Ascension de Notre Seigneur Jésus-Christ.

Sur l'air : *Eh quoi ! tout sommeille.*

PORTES éternelles,
Voûtes immortelles,
  Dans ce grand jour
Ouvrez votre séjour.
Le Dieu de puissance,
D'amour, de clémence,
  Dans sa splendeur,
Vient rentrer en vainqueur.

  Le noir abîme,
La mort, sa victime,
Le monde, le crime
Domptés par ses mains ;
  La guerre éteinte,
La Demeure sainte
Ouverte aux humains,
Sont ses faits divins. Portes, etc.

Déja sous les yeux
D'un peuple fidèle,
S'asseyant sur l'aile
Des vents qu'il appelle,
Ce Roi glorieux
Vole victorieux
Aux sublimes lieux....
Triomphez, Cieux ! Portes, etc.

Célèbre sa victoire
  Céleste Cité !
  Chante sa gloire,
  Qui fait ta beauté.
A lui seul, chœur des Anges,
  Offrez à jamais,
    Et vos louanges,
  Et vos chants de paix. Portes, etc.

Fin.

Et vous que son absence
Tient dans la souffrance,
Mortels, consolez-vous;
Son bonheur peut être pour tous.
Son Esprit-Saint, sa grâce,
Ses douces faveurs
Tiendront sa place,
Rempliront nos cœurs;
Si vous brûlez des flâmes
De son feu divin,
Un jour vos âmes
Iront dans son sein. Portes, etc.

Le Saint Jour de la Pentecôte.

Sur l'air : *Comme vous de ces arbrisseaux.*

Sur les Apôtres assemblés,
Lorsque l'Esprit-Saint vint descendre,
Les élémens furent troublés,
Un vent soudain se fit entendre :
Devant Dieu marche la terreur
Quand il veut instruire la terre;
Et pour signal de sa grandeur.
Il a le bruit de son tonnerre.

Tendre troupeau, rassurez-vous,
N'appréhendez rien de ces flâmes;
Ce feu, qui n'a rien que de doux,
Ne doit embraser que vos âmes :
Souvenez-vous que Jésus-Christ,
Dans ses adieux pleins de tendresse,
Vous promit son divin Esprit;
Il tient aujourd'hui sa promesse.

Déjà je vous vois tous remplis
Des transports d'une sainte ivresse;
Dans l'instant vous êtes instruits
Des mystères de la sagesse;

Déjà vos cœurs sont animés
De zèle, d'amour, de courage,
Et déjà vous vous exprimez
En toute sorte de langage.

Courez, allez porter vos pas
Dans tous les lieux où l'on respire ;
Affrontez les feux, le trépas,
Prêchez ce Dieu qui vous inspire :
Mille lauriers vous sont offerts,
Vous devez en ceindre vos têtes :
Jusques au bout de l'Univers
Allez étendre vos conquêtes.

Esprit-Saint, Esprit Créateur,
Qui seul peut convertir nos âmes,
Viens sur ma bouche et dans mon cœur,
Viens les pénétrer de tes flâmes :
Donne de la force à mes chants
Pour annoncer ce qu'il faut croire ;
Inspire-moi de doux accents,
Dignes de célébrer ta gloire.

Le Mystère de la Sainte Trinité.

Sur l'air : *O mon Dieu ! que votre loi Sainte*, etc.

O TOI qu'un voile épais nous cache,
Indivisible Trinité !
Lumière éternelle et sans tache,
Nous adorons ta majesté.

En Dieu, seul Saint, seul adorable,
O que de gloire et de grandeur !
O quel abîme impénétrable,
Et de richesse et de splendeur !

Confondez-vous, raison humaine,
Sur cet objet fermez les yeux :
La beauté de Dieu, souveraine,
Ne peut se voir que dans les Cieux.

Le Père , admirant sa sagesse ,
Engendre un Fils qui le chérit ?
De leur mutuelle tendresse
L'Esprit-Saint est l'auguste fruit.

Le Père, en nous donnant la vie,
Nous la conserve à chaque instant ;
Le Saint-Esprit nous sanctifie
Par les feux qu'en nous il répand.

Égal en tout à Dieu son Père ,
Dieu le Fils , le Verbe éternel,
Pour soulager notre misère ,
A daigné se faire mortel.

Enfans soumis, rendons hommage
A la divine Trinité ;
Son nom saint est pour nous le gage
De l'heureuse immortalité.

Pour la Fête du Saint-Sacrement.

Sur l'air : *Des Pèlerins de Saint-Jacques.*

CHANTONS le Mystère adorable
De ce grand jour ;
Chantons le don inestimable
Du Dieu d'amour :
A seconder nos saints accords
Que tout s'empresse ;
Qu'au loin tout éclate en transports
D'une vive allégresse.

Que l'éclat , la magnificence
Ornent ces lieux ;
Que tout adore la présence
Du Roi des Cieux ;
Que, pour répondre à ses faveurs,
Sur son passage
Nos voix , nos âmes et nos cœurs
Lui rendent leur hommage.

Ce Dieu, toujours plein de tendresse
    Pour les mortels,
S'immole en leur faveur sans cesse
    Sur nos Autels;
Peu content d'un bienfait si doux,
    L'amour l'engage
A se donner lui-même à nous
    Souvent et sans partage.

Honneur, amour, louange et gloire
    Au Dieu sauveur!
Qu'à jamais vive sa mémoire
    Dans notre cœur;
Aimons-le sans fin, sans retour,
    Plus que nous-mêmes;
Et payons son excès d'amour
    Par un amour extrême.

Consacrez-lui vos voix naissantes,
    Tendres enfans!
Et de vos âmes innocentes
    Le doux encens.
On doit l'aimer dans tous les temps,
    Dans tous les âges;
Mais surtout des jours innocens
    Il aime les hommages.

Divin Jésus, beauté suprême!
    Comblez nos vœux;
Venez dans nous, venez vous-même
    Nous rendre heureux!
Daignez, grand Dieu! de vos bienfaits
    Remplir nos âmes;
Qu'elles ne brûlent désormais
    Que de vos saintes flammes.

Pour la Fête du Sacré Cœur de Jésus.

Sur l'air : *Mon honneur dit*, etc.

Cœur de Jésus, Cœur à jamais aimable !
Cœur digne d'être à jamais adoré !
Ouvre à mon cœur un accès favorable,
Bénis ce chant que je t'ai consacré ;
Aide ma voix à louer ta puissance,
Ta vive ardeur, tes charmes, tes attraits,
Tes saints soupirs, tes transports, ta clémence,
Ton tendre amour, l'excès de tes bienfaits.

O divin Cœur ! ô source intarissable
De tout vrai bien, de douceur, de bonté !
Tu réunis dans ton centre adorable
Tous les trésors de la Divinité :
Maître des dons de sa magnificence,
Arbitre seul des célestes faveurs,
Cœur plein d'amour, tu mets ta complaisance
A les répandre, à les voir dans nos cœurs.

Jésus naissant déjà fait ses délices
De se livrer et de souffrir pour nous ;
Déjà son Cœur nous donne les prémices
Des flots de sang qu'il vient verser pour nous.
Ce Cœur, toujours sensible à nos disgrâces,
Sur nos besoins s'ouvrit de jour en jour,
Et du Sauveur marqua toutes les traces,
Par tous les traits d'un généreux amour.

Quand Jésus suit la brebis infidelle,
Son Cœur conduit et fait hâter ses pas ;
Quand il reçoit un fils ingrat, rebelle,
Son cœur étend et resserre ses bras ;
Quand à ses pieds la femme pénitente
Vient déposer ses pleurs et ses regrets,
Son Cœur en fait une fidelle amante,
Qu'il enrichit de ses plus doux bienfaits.

C'est dans ce Cœur, de tous les cœurs l'asile ;
Que l'âme tiède excite sa langueur ;
Que le pécheur a son pardon facile,
Que le fervent enflamme son ardeur.
Le Cœur plongé dans le sein des disgrâces
Trouve dans lui l'oubli de sa douleur,
Et le Cœur faible une source de grâces
Qui le remplit de force et de vigueur.

Jardin sacré ! vous, ô montagne sainte !
Tristes témoins de Jésus affligé !
Apprenez-nous dans quels excès de crainte,
Dans quels ennuis son Cœur était plongé
Quand de la mort sentant la vive atteinte,
Et tout le poids du céleste courroux,
Ce Dieu d'amour voyait la terre teinte
Des flots de sang qu'il répandait pour nous.

Ce fut son Cœur qui d'un amer calice
Lui fit pour nous accepter les rigueurs,
Et qui pour nous l'offrit à la malice,
A tous les traits de ses persécuteurs.
Si sur la Croix Jésus daigne s'étendre,
Son Cœur l'y fixe ; et s'il daigne y mourir,
Oui, c'est son Cœur, ce Cœur pour nous si tendre,
Qui nous fait don de son dernier soupir.

Mais c'est encor trop peu pour sa tendresse :
Ce même Cœur, fixé sur nos Autels,
Se reproduit, se ranime sans cesse,
Pour s'y prêter au bonheur des mortels.
C'est là toujours que, placé sur un trône
D'amour, de paix, de grâce et de douceur,
Pour eux il s'offre, il s'immole, il se donne,
Pour tout retour n'exigeant que leur cœur.

Cœurs trop long-temps endurcis, insensibles,
A ses désirs vous refuseriez-vous ?
Par quels bienfaits, par quels traits plus visibles
Peut-il montrer ses tendres soins pour nous ?

Ce riche don de son amour extrême
Ne pourra-t-il vous vaincre, vous charmer ?
Ah ! mille fois, mille fois anathême
Au cœur ingrat qui ne veut point l'aimer.

Bienheureux ceux que l'innocence pure
Conduit souvent à son sacré festin,
Et dont l'amour puise sa nourriture
Dans sa substance et dans son sang divin.
C'est là surtout qu'il s'unit à leur âme
Par le plus fort et le plus doux lien,
Et que leur cœur et s'embrase et s'enflâme
Des mêmes feux dont est brûlé le sien.

Par quels excès, hélas ! d'irrévérence,
De sacrilége et de témérité,
Par quel oubli, par quelle indifférence
N'ose-t-on point outrager sa bonté ?
Cœurs innocens, et vous, âmes ferventes,
Vengez, vengez, et sa gloire et ses dons ;
Rendez pour lui vos flammes plus ardentes,
Vos vœux plus purs, vos respects plus profonds.

Que sur la terre à jamais, d'âge en âge,
Ce Cœur sacré, caché dans nos lieux saints,
Ait et les vœux, et l'amour, et l'hommage,
Et le tribut de l'encens des humains !
Que dans les Cieux les puissances l'honorent ;
Qu'il règne après les siècles éternels ;
Que tous les Cœurs et l'aiment et l'adorent ;
Que tous les cœurs soient pour lui des Autels !

Cœur de Jésus, sois à jamais ma gloire ;
Sois mon amour, mes charmes, ma douceur ;
Sois mon soutien, ma force, ma victoire,
Ma paix, mon bien, ma vie et mon bonheur ;
Sois à jamais toute mon espérance ;
Sois mon secours, mon guide, mon Sauveur ;
Sois mon trésor, ma fin, ma récompense,
Mon seul partage, et le tout de mon cœur.

Pour le Dimanche avant la Confirmation des Enfans. Les Dons du Saint-Esprit.

Sur l'air : *Du serin qui te fait envie.*

LA SAGESSE.

Du bonheur on parle sans cesse
Mais où se trouvent les heureux ?
Les hommes prêchent la sagesse,
Mais la sagesse fuit loin d'eux.
Sûr du bonheur quand on est sage,
Je veux aussi le devenir :
Avoir la sagesse en partage,
C'est aimer Dieu, c'est le servir.

LA SCIENCE.

Connaître Dieu, se bien connaître,
Voilà tout ce qu'il faut savoir ;
De ses penchans on devient maître,
On est esclave du devoir.
Ayons tous cette connaissance ;
Elle est pour nous le plus grand bien :
Quand on n'a pas cette science,
En sachant tout on ne sait rien.

L'INTELLIGENCE.

Don précieux d'intelligence,
Accompagnez toujours ma foi ;
Je n'ai besoin d'autre science
Que de bien comprendre la loi.
Cette loi si pure et si sainte,
Mille fois heureux qui la suit !
O loi ! que, dans mon cœur empreinte,
Je te médite jour et nuit !

LE CONSEIL.

Esprit-Saint, j'ignore la route
Qu'il faut suivre pour me sauver ;
Souvent je balance et je doute ,
Je marche et ne puis arriver ;
Sans cesse l'ennemi m'assiége ,
La crainte agite mon sommeil ;
De tous côtés ce n'est que piége ;
Esprit-Saint, soyez mon conseil.

LA PIÉTÉ.

O piété ! quels sont tes charmes !
Tu remplis seule nos désirs ;
Par toi nous sont douces les larmes ,
Et nos devoirs font nos plaisirs ;
C'est par ton pouvoir ineffable
Que la vertu nous sait charmer :
Puisque tu nous rends tout aimable ,
Comment peut-on ne pas t'aimer ?

LA FORCE.

Divin Esprit , Esprit de force ,
Je ne veux d'autre appui que toi ;
Qu'il règne un éternel divorce
Entre tes ennemis et moi :
Des monstres cherchent à m'abattre ;
Je veux par toi les étouffer :
Le monde vient pour me combattre ;
Par toi je veux en triompher.

LA CRAINTE.

Seigneur, votre volonté sainte
Est souvent pour nous sans appas ;
Juste , vous inspirez la crainte ,
Et souvent on ne vous craint pas.
On craint le monde , on est à plaindre :
Que peut-il pour ou contre nous ?
Grand Dieu ! que j'apprenne à vous craindre,
A ne craindre même que vous !

Pour le Jour de la Confirmation.

Sur l'air : *Où vont tous ces Peuples épars.*

Quel feu s'allume dans mon cœur !
Quel Dieu vient habiter mon âme !
A son aspect consolateur
Et je m'éclaire et je m'enflâme ;
Je t'adore, Esprit Créateur.
  Parais, Dieu de lumière :   (*bis.*)
Et viens renouveler la face de la terre.

  Je vois mille ennemis divers
Conjurer ma perte éternelle ;
J'entends tous leurs complots pervers.
Dieu, romps leur trame criminelle :
Qu'ils retombent dans les enfers.
  Parais, Dieu de lumière, etc.

  Quels sont ces profanes accens,
Ces cris et ces pompeuses fêtes ?
De Baal ce sont les enfans !
De fleurs ils couronnent leurs têtes,
Que va frapper la faulx du Temps.
  Parais, etc.

  Voyez comme les insensés
Dansent sur leur tombe entr'ouverte !
La mort les suit à pas pressés ;
En riant ils vont à leur perte.
Dieu regarde,.... ils sont dispersés,
  Parais, etc.

  Quoi ! pour un moment de plaisir,
Mon Dieu, j'oublirais ta loi sainte !
Dans l'égarement du désir
Je pourrais vivre sans ta crainte !
Non, mon Dieu, non, plutôt mourir.
  Parais, etc.

Un jour plus pur luit à mes yeux ;
Dieu de clarté, je te rends grâce.
Je vois fuir l'esprit ténébreux ;
La foi dans mon cœur prend sa place :
Tous mes désirs sont pour les Cieux.
    Parais, etc.

Chrétien par amour et par choix,
Et fier de ton ignominie,
Je t'embrasse, ó divine Croix !
Je t'embrasse avec ta folie,
Dont j'osai rougir autrefois.
    Parais, etc.

Loin de moi, vains ajustemens ;
A mon Dieu vous faites injure :
Délices des cœurs innocens,
Que la pudeur soit ma parure.
Esprit-Saint, garde tous mes sens.
    Parais, etc.

Si, quelques momens égaré,
Je te fuyais beauté divine,
Allume en mon cœur déchiré,
Allume une guerre intestine ;
De remords qu'il soit dévoré.
    Parais, etc.

Ah ! plutôt règne, Dieu d'amour ;
Sur ce cœur devenu ton Temple ;
Que je t'honore dès ce jour ;
Que mon œil charmé te contemple
Dans l'éclat du divin séjour.
    Parais, etc.

Pour le même Jour.

Sur l'air : *Mon cœur en ce jour solennel.*

QUELLE nouvelle et sainte ardeur
En ce jour transporte mon âme !
Je sens que l'Esprit Créateur
De son feu tout divin m'enflâme ;
Non, non, mon Dieu, je ne crains rien ;
Votre Esprit sera mon soutien.
Il faut dans un noble combat
Pour vous, Seigneur, que je m'engage ;
Vous m'avez fait votre soldat,
Vous m'en donnerez le courage.
  Non, non, etc.

Du salut le signe sacré
Arme mon front pour ma défense ;
Devant lui l'enfer conjuré
Perdra sa funeste puissance.
  Non, non, etc.

Seigneur, à vos aimables loix
Le grand nombre serait rebelle,
Que mon cœur, constant dans son choix,
Y serait encor plus fidèle.
  Non, non, etc.

Le mépris d'un monde insensé
Pourrait-il m'alarmer encore !
Loin de m'en trouver offensé
Je sens aujourd'hui qu'il m'honore.
  Non, non, etc.

Dans sa fureur l'impiété
Veut me ravir le Dieu que j'aime ;
Je veux, fort de la vérité,
Lui dire toujours anathême.
  Non, non, etc.

On a vu de faibles agneaux
Triompher de l'aveugle rage
Et des tyrans et des bourreaux ;
Faible comme eux , Dieu m'encourage.
    Non , non , etc.

    Enfant des généreux Martyrs ,
Puissé-je égaler leur constance ,
Et trouver mes plus doux plaisirs
Au sein même de la souffrance !
    Non , non , etc.

    A la mort fallut-il s'offrir ,
Ou perdre , hélas ! mon innocence ,
Grand Dieu ! je consens à mourir ;
Ne souffrez pas que je balance.
    Non , non , etc.

La Sainte Enfance de Jésus.

Sur l'air : *Ah ! vous dirai-je maman ,* etc.

O vous , dont les tendres ans
Croissent encore innocens ,
Pour sauver à votre enfance
Le trésor de l'innocence ,
Contemplez l'Enfant-Jésus ,
Et prenez-en les vertus !

    Il est votre Créateur ,
Votre Dieu , votre Sauveur ;
Mais il est votre modèle :
Heureux qui lui fut fidèle !
Il eut part à sa faveur ,
A ses dons , à son bonheur.

    Que touchant est le tableau
Que nous offre son Berceau !
O que de leçons utiles
Y trouvent les cœurs dociles !
Accourez vous tous , enfans ,
Y former vos jours naissans.

Une étable est le séjour
Où Jésus reçoit le jour :
Sous les langes, de sa crèche
Sa divine voix nous prêche
Que l'indigence, à ses yeux,
Est un riche don des Cieux.

Pourquoi ce froid, ces douleurs,
Ces yeux qui s'ouvrent aux pleurs,
Ce sang qu'il daigne répandre ?
N'est-ce point pour nous apprendre
Qu'il faut haïr le plaisir,
Et pour lui vivre et souffrir ?

Ce Dieu, seul Prêtre immortel,
Du Berceau passe à l'Autel,
Et Législateur, et Maître,
A la loi va se soumettre,
Prêt à s'immoler un jour,
Pour son Père et notre amour.

Il naît à peine ; et naissant,
Il veut fuir obéissant :
Trente ans, dans un vil asile,
L'ont vu fidèle, docile,
Exact, obéir toujours
Aux Saints Gardiens de ses jours.

Si, par un départ secret,
Il leur laisse un vif regret,
Ils le reverront au Temple,
Nous montrer, par son exemple,
Qu'on doit pour Dieu tout quitter :
Qui de nous sut l'imiter ?

Esprits vains, cœurs indomptés,
Captivez vos volontés :
Quand on voit Jésus lui-même,
Jésus, la grandeur suprême,
S'abaisser, s'anéantir,
Peut-on ne pas obéir ?

Qu'il est beau de voir ces mains
Qui formèrent les humains
Se prêter aux œuvres viles,
Aux travaux les plus serviles,
Et rendre à jamais pour nous
Tout travail louable et doux !

Tout m'instruit dans l'Enfant-Dieu,
Son respect pour le Saint lieu,
Son air modeste, humble, affable,
Sa douceur inaltérable,
Son zèle, sa charité,
Sa clémence, sa bonté.

Jésus croît, et plus ses ans
Hâtent leurs accroissemens,
Plus l'adorable sagesse
Qui réside en lui sans cesse
Dévoile aux yeux des humains
L'éclat de ses traits divins.

Combien n'en est-il, hélas !
Qui, loin de suivre ses pas,
Vont croissant de vice en vice,
Aboutir au précipice !
Heureux, seul heureux qui prend
Pour guide Jésus-Enfant !

L'Amour de Jésus par-dessus toutes choses.

Sur l'air : *Quand le Soleil dans la plaine.*

QUE Jésus est un bon Maître,
Et qu'il est doux de l'aimer !
Bienheureux qui sait connaître
Combien il peut nous charmer !
   Divin Sauveur !
   Beauté Suprême !
   Oui, je vous aime,
   Divin Sauveur !

Je vous aime, je vous aime,
 De tout mon cœur.
 De tout mon cœur.   *Fin.*

Mettons-nous sous son empire,
Soyons à lui pour jamais,
Et que notre âme n'aspire
Qu'à goûter ses saints attraits. Divin, etc.

 Sans Jésus rien ne peut plaire,
Tout est dur, tout est amer ;
Tout est disgrâce, misère,
Désespoir, tourment, enfer. Divin, etc.

 Avec lui tout est délices,
Tout est source de douceurs,
Tout est avant-goût, prémices
Du séjour de son bonheur. Divin, etc.

 Avec lui de l'indigence
L'on ne craint point les rigueurs ;
Avec lui de l'opulence
On dédaigne les faveurs. Divin, etc.

 Il est seul et ma richesse,
Et mon bien, et mon trésor,
Et je prise sa tendresse
Plus que tout l'éclat de l'or. Divin, etc.

 Aimer le monde est folie ;
L'homme qui s'attache à lui,
Tel qu'un faible roseau plie,
Et tombe avec son appui. Divin, etc.

 Mais le sage véritable,
Dont Jésus est le recours,
Fut toujours inébranlable,
Sous l'abri de son secours. Divin, etc.

 La faveur du monde passe,
Aussi prompte que le temps,
Et de longs jours de disgrâces
Suivent ses premiers instans. Divin, etc.

10*

De Jésus l'amour fidelle
Ne trompa jamais nos vœux ;
Une foi toujours nouvelle
En serre à jamais les nœuds.　　Divin, etc.

De l'amour dont Jésus aime,
Rien ne peut rompre le cours ;
Et l'instant de la mort même
L'unit à nous pour toujours.　　Divin, etc.

Mais les amitiés mortelles,
Fissent-elles un sort doux,
Nous périssons avec elles,
Elles meurent avec nous.　　Divin, etc.

Contre nous la force humaine
Portât-elle tous ses coups,
Que pourrait toute sa haine,
Si Jésus était pour nous ?....　　Divin, etc.

L'Univers et ses idoles
En vain m'offrent un soutien ;
Leurs appuis sont tous frivoles,
Si Jésus m'ôte le sien....　　Divin, etc.

Mais Jésus veut qu'on le serve
Sans relâche et sans langueur,
Et ne souffre ni réserve
Ni partage dans un cœur....　　Divin, etc.

Plus ce Dieu d'amour nous aime,
Plus devons-nous, par retour,
Quitter et tout, et nous-même,
Pour être à son seul amour.　　Divin, etc.

Contre le Faste et les Parures du Monde.

Sur l'air : *Je l'ai planté*, etc.

Du Créateur l'homme est l'image ;
Il devrait donc se souvenir
Que c'est gâter ce bel ouvrage
Que de chercher à l'embellir.

Ah ! loin de moi cette parure
Et ce profane ajustement,
Qui veut réformer la nature
Et faire insulte au Tout-Puissant !

Le monde suit d'autres maximes ;
D'un faux éclat il veut briller :
Laissons-lui parer ses victimes ;
Bientôt on va les immoler.

Leur gloire sera passagère ;
Considérez-en le tableau ;
C'est une ombre vaine et légère
Qui voltige autour du tombeau.

Chrétiens, la voilà cette pompe
Que la Religion proscrit ;
Comment se peut-il qu'elle trompe
Des Disciples de Jésus-Christ ?

Mais l'êtes-vous ? le puis-je croire ?
Quittez donc ce faste trompeur :
Le vrai Chrétien ne met sa gloire
Que dans la Croix de son Sauveur.

Ses épines sont sa couronne ,
Sa Croix sainte fait tout son bien ;
Auprès d'elle l'éclat du trône
S'éclipse , ne lui paraît rien.

Le monde aura beau lui sourire ,
Ses charmes vains et dangereux
Ne pourront jamais le séduire ;
La Foi seule brille à ses yeux.

Sentimens de Pénitence.

Sur l'air : *Triste raison* , etc.

DE ce profond , de cet affreux abime
Où je me suis imprudement jeté ,
Le cœur brisé du regret de mon crime ,
J'ose implorer , Seigneur , votre bonté.

Prêtez l'oreille à l'ardente prière ,
Voyez les pleurs d'un enfant malheureux :
Quoique pécheur , il voit dans vous un Père ,
Pouvez-vous être insensible à ses vœux !

Si vous voulez , sans user de clémence ,
Compter , peser tous nos déréglemens ,
Ah ! qui pourra , malgré son innocence ,
Se rassurer contre vos jugemens ?

Mais vous aimez à vous rendre propice ,
Et votre bras toujours lent à punir ,
Se plait à voir désarmer sa justice ;
Heureux celui qui sait la prévenir !

Cette bonté dans mes maux me console ;
Et quoiqu'il plaise au Seigneur d'ordonner ,
Je souffre en paix sur sa sainte parole ;
Quand il nous frappe il veut nous pardonner.

Ah ! qu'Israël en Dieu toujours espère ,
Qu'il en réclame avec foi le secours ;
Ce Dieu puissant , son Défenseur , son Père ,
Dans ses dangers le protegea toujours.

Entre les bras de sa miséricorde
Avec tendresse il reçoit les pécheurs ;
Et son amour , au pardon qu'il accorde ,
Ajoute encor les plus grandes faveurs.

Peuple autrefois l'objet de sa vengeance,
Ne gémis plus sur ta captivité ;
Bientôt il va briser dans sa clémence
Tous les liens de ton iniquité.

Regrets d'une Ame pénitente.

Air : *Comment goûter quelque repos*, etc.

COMMENT goûter quelque repos
Dans les tourmens d'un cœur coupable !
Loin de vous, ô Dieu tout aimable,
Tous les biens ne sont que des maux.
J'ai fui la maison de mon Père,
A la voix d'un monde enchanté ;
Il promet la félicité,
Mais il n'enfante que misère.   (*bis*).

Vois, me disait-il, vois le temps
Emporter ta belle jeunesse ;
Tu cueilles l'épine qui blesse,
Au lieu des roses du printemps.
Le perfide pour ma ruine,
Cachait l'épine sous les fleurs ;
Mais vous, ô Dieu plein de douceurs !
Vous cachez les fleurs sous l'épine.   (*bis*).

Créateur justement jaloux,
Ah ! voyez ma douleur profonde ;
Ce que j'ai souffert pour le monde,
Si je l'avais souffert pour vous !
J'ai poursuivi dans les alarmes
Le fantôme des vains plaisirs ;
Ah ! j'ai semé dans les soupirs,
Et je moissonne dans les larmes.   (*bis*).

Qui me rendra de la vertu
Les douces, les heureuses chaînes ?
Mon cœur sous le poids de ses peines
Succombe et languit abattu.

J'espérais, ô triste folie !
Vivre tranquille et criminel ;
J'oubliais l'oracle éternel ;
Il n'est point de paix pour l'impie.   (*bis.*)

De mon abîme, ô Dieu clément,
J'ose t'adresser ma prière ;
Cessas-tu donc d'être mon Père,
Si je fus un indigne enfant ?
Hélas ! le lever de l'aurore
Aux pleurs trouve mes yeux ouverts,
Et la nuit couvre l'Univers
Que mon âme gémit encore.   (*bis.*)

A peine a brillé ma raison,
Qu'à ton amour j'ai fait outrage ;
J'ai dissipé ton héritage,
J'ai déshonoré ta Maison :
Je n'ose demander ma place,
Ni prendre le nom de ton fils ;
Parmi tes serviteurs admis,
A ta bonté je rendrais grâce.   (*bis.*)

Mais quelle voix !... Qu'ai-je entendu ?
« D'instrumens que l'air retentisse ;
« Que le Ciel lui-même applaudisse :
» Mon cher fils enfin m'est rendu ».
Dieu ! je vois mon Père, il s'empresse ;
L'amour précipite ses pas :
Il veut me serrer dans ses bras,
Baigné des pleurs de sa tendresse.   (*bis.*)

Ce Père tendre et plein d'amour,
Mon âme, c'est ton Dieu lui-même ;
En fait-il assez pour qu'on l'aime ?
Sois fidèle enfin sans retour.
Que ta bonté, Seigneur, efface
Les jours où j'oubliai ta loi !
Un pécheur qui revient à toi
Est le chef-d'œuvre de ta grâce.   (*bis.*)

Résolution de quitter le vice, et de se donner à Dieu.

Sur l'air : *Militaire du Drapeau.*

Le dessein en est pris ;
C'est fait, je veux à tout prix
Suivre de mon Dieu la voix,
Vivre constamment sous ses loix.
	Quand l'enfer unirait
		Sa puissance,
	Rien n'ébranlerait
		Ma constance ;
	Du vice à jamais
Je détesterai les attraits.

Je veux fuir pour toujours
L'écueil des folles amours,
Et tout plaisir criminel
Qui fut à mes mœurs si mortel.
	Non, ni l'impureté,
		La mollesse ;
	Ni la volupté,
	Ni l'ivresse,
		Malgré leur douceur,
Ne pourront plus rien sur mon cœur.

Non, jamais vain serment,
Blasphême, faux jurement,
Mensonge, ni ses détours,
Ne profaneront mes discours.
	Les termes indécens,
		Les parjures,
	Les traits médisans,
		Les injures,
	Les mauvais souhaits
En seront bannis pour jamais !

Je veux garder la foi
Que j'ai promise à mon Roi,
Au bien porter mes amis,
Pardonner tous mes ennemis.
Le vol, la lâcheté,
L'injustice,
De l'impiété
La malice,
Seront à mes yeux
Des objets toujours odieux.

O Dieu de sainteté !
Ma force et ma fermeté,
Sans l'ombre de ton secours,
Se démentiraient pour toujours.
Achève, Dieu puissant,
Ton ouvrage ;
Soutiens constamment
Mon courage ;
Daigne, sans retour,
Me fixer dans ton saint amour.

Avantages de l'Innocence.

Sur l'air : *Femmes sensibles*, etc.

TENDRES enfans, aux délices perfides,
Aux faux plaisirs n'ouvrez point votre cœur ;
C'est en Dieu seul que sont les biens solides,
Sans son amour il n'est point de bonheur.

Par quels attraits le crime, et par quels charmes,
Peut-il, hélas ! pervertir tant de cœurs ?
Les noirs remords, les mortelles alarmes
Suivent toujours les traces des pécheurs.

Le sort du juste est bien plus désirable ;
De son bonheur rien n'arrête le cours,
Sa joie est pure et sa paix véritable,
Ses jours pour lui ne sont que d'heureux jours.

Chéri de Dieu, toujours à Dieu fidèle,
Des saints trésors qu'il gagne chaque jour
Il enrichit la couronne immortelle
Que le Seigneur réserve à son amour.

Pour les pécheurs la mort si redoutable,
S'offre à ses yeux sous des traits de douceur :
Il meurt tranquille, et d'un sommeil aimable
Il passe au sein du Dieu son Créateur.

Enfans, dont l'âme est innocente et pure,
Ah ! si jamais même un seul de vos jours
Doit du péché connaître la souillure,
Qu'une mort prompte en abrège le cours.

Divers Sentimens de piété.

Sur l'air : *O toi qui n'eus jamais du naître.*

PUISQUE mon cœur sensible et tendre
A l'amour ne peut résister,
Loin de vouloir le lui défendre,
Je veux chercher à l'augmenter :
Mais ce n'est qu'à l'Être Suprême
Que je consacre mon ardeur ;
Aimer mon Dieu plus que moi-même,
Voilà ma gloire et mon bonheur.

Disparaissez, cendre et poussière ;
Vains objets, je m'arrache à vous ;
Dieu veut mon âme tout entière,
Il a droit d'en être jaloux ;
C'est à régner qu'il me destine ;
Il est mon Père, il est mon Roi ;
Fier d'une si noble origine,
Je vois tout au-dessous de moi.

O ciel ! ô terre ! ô mer féconde !
Astres, fleurs, plantes, animaux,
Qui faites l'ornement du monde,
Nos êtres sont bien inégaux !

Vous existez tous sans connaître
La main de votre Créateur ;
L'homme seul adorant son Maître,
L'honore en lui donnant son cœur.

Que dis-je, hélas ! dans ce partage
Si je suis beaucoup plus aimé,
Je dois rougir de l'avantage
Que j'ai sur l'être inanimé :
Sans connaissance, mais sans crime,
A son auteur il est soumis ;
Et je ne puis sonder l'abîme
De tous les maux que j'ai commis.

O monstre affreux d'ingratitude !
Un Dieu saint, juste et tout-puissant,
Par le supplice le plus rude
Ne te punit que faiblement ;
Oui, dans l'enfer, lieu de misère,
Gouffre d'une éternelle horreur,
S'il te fait sentir sa colère,
Il te montre encor sa douceur.

L'enfer.... voilà le sort terrible
Qui m'attend après mon trépas ;
O Ciel ! êtes-vous inflexible ?
Mes pleurs ne vous touchent-ils pas ?
Qu'entends-je ? une voix favorable
Me promet un Libérateur,
Qui, ne pouvant être coupable,
Prendra la forme d'un pécheur.

Verbe divin, Dieu par essence,
Égal au Père en dignité,
Le terme de sa connaissance,
Engendré dans l'éternité,
Par un mystère inexplicable
Que l'on honore par la Foi,
Sans perdre votre être adorable,
Vous vous rendez semblable à moi.

11*

Bannissons de nos cœurs la crainte,
Le Seigneur n'est plus irrité ;
Le sang de la Victime sainte
Est un garant de sa bonté :
Son Fils nous le rendit propice,
Lorsqu'il consentit à mourir,
Et sa formidable justice
Ne trouve plus rien à punir.

Mais quel noir retour de tristesse
Me force à répandre des pleurs !
Grand Dieu, pourquoi votre tendresse
Nous comble en vain de ses faveurs ?
L'homme par le plus grand des crimes,
Court après des Dieux imposteurs ;
Il leur immole des victimes,
Et rend hommage à ses erreurs.

Vos desseins sont impénétrables ;
Peut-on y penser sans frayeur ?
Aussi terribles qu'équitables,
Adorons-en la profondeur.
Qu'ai-je fait ? et par quel mérite
Ai-je trouvé grâce à vos yeux ?
C'est votre bonté gratuite
Qui se plait à me rendre heureux.

Par un amour de préférence,
Pécheur nécessaire en naissant,
Vous me rendez mon innocence,
Et m'adoptez pour votre enfant :
Vous me placez dans votre Eglise,
Où, détestant la nouveauté,
Mon âme en paix, humble et soumise,
Se nourrit de la vérité.

Je tremble et tombe en défaillance ;
Vous voulez entrer dans mon cœur :
Pourquoi craindrais-tu ma présence,
Me dites-vous avec douceur ?

Je m'accommode à ta faiblesse,
Je te voile ma majesté ;
Viens à moi, mon amour me presse
De faire ta félicité.

Je sens toute mon impuissance
A reconnaître ce bienfait ;
Pour payer un amour immense,
Je n'ai qu'un amour imparfait ;
O feu sacré ! Divine flâme !
Qu'attendez-vous de m'enflammer ?
Je livre à vos ardeurs mon âme ;
Hâtez-vous de la consumer.

Bonheur d'un Enfant vertueux.

Sur l'air : *Nous n'avons qu'un temps à vivre*, etc.

Heureux qui dès son enfance,
Soumis aux lois du Seigneur,
N'a pas avec l'innocence
Perdu la paix de son cœur !
Chéri de celui qu'il adore,
Son bonheur le suit en tout lieu ;
Que peut-il désirer encore,
Quand il se voit l'ami d'un Dieu ?
Heureux qui, etc.

En vain la fortune couronne
Du pécheur les moindres désirs ;
Le remords cruel empoisonne
Les plus vantés de ses plaisirs.
Heureux qui, etc.

Qui se laisse prendre à tes charmes,
Trop séduisante volupté,
Paiera bientôt de ses larmes
Les douceurs qu'il aura goûté.
Heureux qui, etc.

Le moment d'une folle ivresse
Fait place à celui des regrets ;
Ce bonheur qu'il poursuit sans cesse,
Le mondain ne l'aura jamais.
   Heureux qui, etc.

Seigneur, de ma tranquille vie
Rien ne saurait troubler le cours,
La paix ne peut être ravie
A qui veut vous aimer toujours.
   Heureux qui, etc.

Le monde étale sa richesse,
Et ses biens ne m'ont point tenté ;
J'ai le trésor de la sagesse
Dans le sein de la pauvreté.
   Heureux qui, etc.

La Croix où mon Jésus expire
Change mes peines en douceurs :
Si quelquefois mon cœur soupire,
C'est que je songe à ses douleurs.
   Heureux qui, etc.

L'espoir d'une gloire immortelle
Et d'un bonheur toujours nouveau,
Sème de fleurs pour le Fidèle,
Les bords si tristes du tombeau.
   Heureux qui, etc.

Mon Dieu, j'y descendrai sans crainte,
Espérant, des bras de la mort,
Voler vers ta Demeure sainte,
En chantant dans un doux transport :
   Heureux qui, etc.

Plaintes et Espérances de l'Église.

Air : *Te bien aimer*, etc.

PERMETTRAS-TU que ton Culte périsse,
O Dieu Sauveur ! ô Fils de l'Éternel ?
Quoi ! désormais, l'auguste sacrifice
N'aura donc plus de Temple, ni d'Autel !

L'Église en deuil, plaintive, désolée,
Ne cesse, hélas ! d'implorer son Epoux :
Par les méchans, d'insultes accablée,
Doit-elle, enfin, succomber sous leurs coups ?

Des loups cruels, ô Dieu, confonds la rage !
Défends, Seigneur, tes fidèles brebis ;
De ton troupeau, de ton faible héritage,
Epargne au moins les malheureux débris.

Mais c'en est fait, je vois fuir la tempête ;
Je vois briller l'aurore d'un beau jour.
Sainte Sion, pour toi, quel jour de Fête !
De tes enfans célèbre le retour.

Sèche tes pleurs, mets un terme à ta plainte ;
Non, non, tes murs ne seront point déserts :
Déjà la foule inonde ton enceinte ;
Sous tes parvis, j'entends mille concerts.

O Culte Saint ! l'Enfer en vain conspire
Pour diviser ce que tu réunis ;
Du Dieu de paix tu rétablis l'empire ;
La Foi triomphe, il n'est plus d'ennemis.

Durée immortelle de l'Église.

Sur l'air : *Grâce, grâce, Seigneur.*

Elle triomphera cette Église immortelle ;
Dieu saura dissiper de perfides complots ;
Des méchans conjurés la ligue criminelle.
De leur rage à ses pieds verra briser les flots.

Arbre faible en naissant et battu par l'orage,
Elle étend aujourd'hui sur cent peuples divers,
De ses rameaux sacrés le salutaire ombrage,
Et sa gloire finit où finit l'Univers.

Elle voit de l'enfer les fureurs déchaînées,
De son tronc vénérable affermir la vigueur,
Tandis que sans honneur languissent desséchées,
Les branches qu'infecta le poison de l'erreur.

Mais le Dieu qui toujours assure sa victoire,
Toujours l'éprouve aussi par d'amères douleurs.
Ah! puisque nos efforts ne font rien pour sa gloire,
A ses larmes du moins nous mêlerons nos pleurs.

Les Créatures invitées à bénir le Seigneur.

Air connu.

Bénissez le Seigneur suprême,
Petits oiseaux; dans vos forêts,
Dites sous ces ombrages frais,
   Dieu mérite qu'on l'aime.

Doux rossignols, dites de même,
Ou tous ensemble, ou tour à tour,
Et que les échos d'alentour,
   Vous répondent qu'on l'aime.

Triste et plaintive tourterelle,
Bénissez Dieu, rien n'est si doux;
Je devrais plus gémir que vous,
   Car je suis moins fidelle.

Paissez, moutons, en assurance,
Et bénissez le Bon Pasteur!
Voit-il en moi votre douceur?
   Ah! quelle différence!

Tendres zéphirs, qui, dans nos plaines,
Murmurez si paisiblement,
Bénissez-le à chaque moment
   Par vos douces haleines.

Entre ces deux rives fleuries
Bénissez Dieu, petits ruisseaux;
Tout passe, hélas! comme votre eau
   Passe dans les prairies.

Dans ces beaux lieux tout est fertile;
J'y vois des fruits, j'y vois des fleurs;
Je le dis en versant des pleurs,
   Je suis l'arbre stérile.

Charmantes fleurs, un jour voit naître
Et mourir cet éclat si doux ;
Je mourrai bientôt après vous,
   Plus tôt que vous peut-être.

Je vois briller l'aimable étoile
Qui luit le matin et le soir ;
Mon Dieu, quand pourrai-je vous voir
   Face à face et sans voile ?

Mer en courroux, mer implacable,
Je dois bien craindre le Seigneur ;
Ainsi que vous dans sa fureur
   Il est inexorable.

Tonnerre, éclairs, bruyante foudre,
Marquez son pouvoir, sa grandeur.
Dieu peut confondre le pécheur,
   Et le réduire en poudre.

Comme le cerf court aux fontaines,
Pressé de soif et de chaleur,
Ainsi je cours à vous, Seigneur,
   Adoucissez mes peines.

Que le soleil et que l'aurore,
Les campagnes et les moissons,
Les rivières et les poissons,
   Qu'enfin tout vous adore.

Dieu tout-puissant, en qui j'espère,
Soyez toujours mon protecteur ;
Je suis un ingrat, un pécheur,
   Mais vous êtes mon Père.

Le Seigneur béni spécialement dans les oiseaux.

Sur l'air : *Que ne puis-je, ô Roi de gloire.*

Bénissez le divin Maître,
Oiseaux qui peuplez les airs!
Seul votre Auteur, il doit être
L'objet seul de vos concerts :
Devenez les interprètes
Des êtres inanimés,
Prêtez à leurs voix muettes
Tous les sons que vous formés.

La fraîcheur de vos feuillages,
L'écho qui redit vos chants ;
Vos retraites, vos ombrages,
De sa main sont des présens ;
Il émaille vos plumages ;
Il vous enrichit d'appas ;
Il vous donne vos ramages,
Ne le chanteriez-vous pas ?

Quand le jour, à la nature,
Rendant ses vives clartés,
Vient de toute créature
Vous dépeindre les beautés ;
Du Seigneur à vos bocages
Racontez les doux bienfaits ;
Dites-leur que ces ouvrages
Près de lui sont sans attraits.

Quand la nuit étend ses voiles
Sur la terre et sur les cieux,
Et que les feux des étoiles
Se dérobent à nos yeux ;
Apprenez aux rives sombres
Aux collines d'alentour,
Que c'est lui qui fit les ombres
Comme la splendeur du jour.

Échappés de vos asiles ;
Dans un jour serein et pur,
Quand, par vos essors agiles,
Du ciel vous fendez l'azur ;
Annoncez au loin sa gloire,
Aux bords ; aux êtres divers :
Remplissez de sa mémoire
Le vide immense des airs.

Quand de vos ailes légères,
Suivant le rapide essor,
Vers des rives étrangères,
Vous tentez un autre sort :
N'y volez que pour étendre
Sa puissance et sa grandeur,
N'y chantez que pour apprendre
Son amour et sa douceur.

Pour les Fêtes de la Sainte Croix.

Sur l'air : *Mon cœur en ce jour solennel*, etc.

AIMONS Jésus pour nous en Croix ;
N'est-il pas bien juste qu'on l'aime,
Puisqu'en expirant sur ce bois,
Il nous aima plus que lui-même ?
Chrétiens, chantons à haute voix :
Vive Jésus, vive sa Croix.

Gloire à cette divine Croix ;
Le Sauveur l'ayant épousée,
Elle n'est plus comme autrefois
Un objet d'horreur, de risée.   Chrétiens, etc.

Gloire à cette divine Croix,
Arbre dont le fruit salutaire
Répare le mal qu'autrefois
Fit le péché du premier père.   Chrétiens, etc.

Gloire à cette divine Croix,
C'est l'étendard de sa victoire ;
Par elle il nous donna ses loix ;
Par elle il entra dans sa gloire. Chrétiens, etc.

Gloire à cette divine Croix,
De tous nos biens source féconde,
Qui, dans le sang du Roi des Rois,
A lavé les péchés du monde. Chrétiens, etc.

Gloire à cette divine Croix ;
La chaire de son éloquence,
Où me prêchant ce que je crois,
Il m'apprend tout par son silence. Chrétiens, etc.

Gloire à cette divine Croix,
Ce n'est pas le bois que j'adore,
Mais c'est mon Sauveur sur ce bois
Que je révère et que j'implore. Chrétiens, etc.

Avec Jésus aimons sa Croix,
Prenons-là pour notre partage,
Ce juste, cet aimable choix,
Conduit au céleste héritage. Chrétiens, etc.

Pour la Fête du Catéchisme.

Air : *Troupe innocente.*

CHANTONS l'enfance
De notre doux Sauveur,
 Son innocence,
Son aimable candeur.
Que d'autres du Seigneur
Célèbrent la grandeur,
Qu'ils chantent sa puissance ;
Nous, enfans, du Sauveur
 Chantons l'enfance.

 Rempli de charmes,
Cet Enfant, dans sa main,
 Brise les armes
Du Juge souverain.

Contre le genre humain
Dieu veut sévir en vain,
Il cède aux douces larmes
De cet Enfant divin
Rempli de charmes.

Dans une étable,
Le fils de l'Eternel,
Pour le coupable,
Est né pauvre et mortel :
Pour moi, pour un pécheur,
Gémit un Dieu Sauveur ;
O mystère ineffable !
Mon Roi, mon Créateur
Dans une étable !

Près de sa crèche,
O mon cœur, instruis-toi :
C'est moi qui pèche ;
Un Dieu souffre pour moi !
Je cherchais les douceurs ;
Jésus est dans les pleurs,
Ah ! j'entends ce qu'il prêche :
J'abjure mes erreurs
Près de sa crèche.

Enfant docile,
Soumis à ses parens ;
Leur humble asile
Près d'eux le voit long-temps :
Par des travaux constans,
Dès ses plus tendres ans,
Dans un métier servile,
Il aide ses parens,
Enfant docile,

Chaste innocence,
Humilité, douceur,
Obéissance
Vertus de mon Sauveur

Ah ! puisse aussi mon cœur
Exhaler votre odeur !
Mais toi de préférence,
Conserve en moi ta fleur,
  Chaste innocence.

  Que votre exemple
M'enflamme, ô mon Jésus,
  Quand je contemple
En vous tant de vertus !
Le monde désormais
N'a plus pour moi d'attraits ;
Je jure en ce saint Temple,
De ne suivre jamais
  Que votre exemple.

  Dès son enfance,
Heureux qui vous chérit !
  Avec constance
Heureux qui vous suivit !
Moins riche mille fois
Est l'héritier des Rois,
Qu'un cœur plein d'innocence
Qui de Jésus fit choix
  Dès son enfance.

CANTIQUE

POUR

LA FÊTE DE L'IMMACULÉE
CONCEPTION.

Air : *Mon bien aimé ne paraît pas encore.*

UN nouvel astre a paru sur la terre
Rien dans les Cieux n'égale sa beauté ;
    Quelle lumière !
    Quelle clarté !
A son aspect l'Univers enchanté
Ne peut y voir l'ombre la plus légère.

Reine des Cieux, c'est toi que sous ce voile
J'ose chanter, en ton premier moment :
    Brillante étoile
    Du Firmament,
Je suis saisi d'un saint ravissement,
Quand ce mystère à mes yeux se dévoile :

Il me découvre où le Ciel te destine ;
De tes vertus relève la splendeur ;
    C'est l'origine
    De ta grandeur ;
C'est l'ornement le plus cher à ton cœur ;
Il met le comble à ta beauté divine.

Dans l'innocence, heureusement conçue,
Tu ne crains point la fureur du serpent,
    Faible à ta vue,
    Il est rampant ;
S'il remplit tout du venin qu'il répand,
Il voit par toi sa fierté confondue,

Le bras puissant du Très-Haut se déploie ;
Dieu, dans ton cœur, verse tous ses trésors ;
          Saisis de joie
          Par mille accords,
Les Anges font éclater leurs transports :
A ton passage, il s'ouvre une autre voie.

Oui, je le crois, et ma raison soumise
Se rend sans peine et ne peut balancer.
          Tout m'autorise
          A le penser :
Vous dont la Foi craindrait de s'avancer,
Ouvrez les yeux et consultez l'Église.

Peut-on ne pas entendre son langage ?
Par sa conduite elle montre sa Foi.
          Ce témoignage
          Me sert de loi ;
S'il est plus doux, s'il cause moins d'effroi,
Ah ! mon amour en parait davantage.

Rien n'existait ; et Dieu voyait Marie
Jointe à ce Fils, en qui seul il se plait.
          Dieu l'a choisie,
          Heureux décret !
Eût-elle pu subir le triste arrêt !
Elle ne vient que pour donner la vie.

Quoi ! dans ces flancs, que mon Dieu prit naissance,
Et qu'à Satan d'abord il l'asservit !
          Quelle apparence
          Qu'il le souffrit !
Non, non, cela révolte mon esprit ;
Elle a pour don, ce qu'il a par essence.

Comment, en elle, admettre de souillure ?
La Cour céleste obéit à sa voix.
          Dans la nature
          Tout suit ses lois ;
Elle est assise auprès du Roi des Rois ;
Ce premier rang n'est dû qu'à la plus pure.

Qu'à son honneur l'Univers s'intéresse ;
Que de ses droits ses enfans soient jaloux ;
   A ma tendresse,
   Aspect bien doux !
Ta pureté, Vierge, nous ravit tous,
Et nous remplit d'une vive allégresse.

Du sud au nord, du couchant à l'aurore,
Ce grand mystère est partout célébré :
   Qu'il soit encore
   Plus révéré :
Où de Jésus le nom est adoré,
Qu'avec amour tout Fidèle l'honore.

DÉSIRS DU CIEL.

Air du petit Matelot.

VERS les collines éternelles,
Portons nos regards, nos soupirs ;
Que les récompenses mortelles
Réveillent d'immortels désirs.
Fixons ce jour, si doux à croire,
Où, se donnant à ses élus,
Dieu couronnera dans la gloire
Ses propres dons et leurs vertus.

Quel spectacle rempli de charmes !
Qu'il est consolant pour nos cœurs !
Dieu lui-même essuyant les larmes
De ses fidèles serviteurs.
Chère Sion ! ô Cité sainte !
Que tes palais sont ravissans !
Ah ! quand enfin dans ton enceinte
Uniras-tu tous tes enfans ?

Doux espoir ! ô brillante aurore,
Quand, fuyant la nuit du tombeau,
Nous verrons le bonheur éclore
Aux feux de ton divin flambeau :

Alors, mon Dieu, libres de chaînes,
Assis sur ses bords enchantés,
Nous boirons l'oubli de nos peines
Au torrent de tes voluptés.

Oui, mon Dieu, voilà ta promesse,
Et le sort heureux qui m'attend ;
Mais je succombe à ma faiblesse
Sans l'appui de ton bras puissant.
Les vertus qui forment ton trône,
Je puis les chanter en ce jour ;
Mais ton amour seul nous le donne,
Et j'ose implorer ton amour.

Avantages de l'étude de la Religion.

Air: *Des simples jeux de mon enfance.*

LE temps échappe comme un songe,
Chacun de nos jours est compté,
Et l'homme, ardent pour le mensonge,
Se lasse à fuir la vérité.
Science, trompeuse lumière,
Non, vous ne m'éblouirez plus ;
Fuyez, fuyez, la Foi m'éclaire ;
Je ne veux savoir que *Jésus.* Science, etc. (*bis*)

L'insensé, dans ses longues veilles,
Seigneur, a mesuré les Cieux :
Hélas ! un monde de merveilles
Ne te montre point à ses yeux. Science, etc.

Pour une gloire fugitive,
Du Ciel il détache son cœur ;
Mais tout à coup la mort arrive :
Il s'éveille, et voit son erreur. Science, etc.

En vain la louange l'honore,
Sa poussière ne l'entend pas ;
Et dans l'enfer qui le dévore,
Qui peut le soustraire à ton bras ? Science, etc.

CANTIQUE
D'ACTIONS DE GRACES.

Air : *Où vont tous ces peuples épars.*

Pécheurs, ne troublez plus les airs
Par une coupable harmonie ;
Le Dieu puissant de l'Univers,
Ce Dieu qui nous donna la vie,
Seul est digne de nos concerts.
   Sion, chante sa gloire ;   (*bis.*)
Que toujours ses bienfaits vivent dans ta mémoire.

Ciel ! en quels transports enchanteurs
Me ravissent tes saints Cantiques !
Mes yeux se remplissent de pleurs.
Séjour des Saints, Tours magnifiques,
Quand verrai-je enfin vos splendeurs !
   Sion, chante sa gloire ;   (*bis.*)
Que toujours ses bienfaits vivent dans ta mémoire.

L'Ange alors, l'Ange à mes accords
Unira sa lyre immortelle.
Quoi ! j'entendrai de mes transports
Retentir la voûte éternelle !!!
Détruis, Seigneur, mon faible corps.
   Sion, chante sa gloire ;   (*bis.*)
Que toujours ses bienfaits vivent dans sa mémoire.

Ah ! préludons à ce beau jour,
Animons nos voix innocentes ;
Brûlons, brûlons du pur amour.

12 *

Les Saints, de leurs voix triomphantes,
Nous répondront de leur séjour.
Sion, chante sa gloire;   (*bis.*)
Que toujours ses bienfaits vivent dans ta mémoire.

Venez, justes; venez, pécheurs,
Bénir ce Dieu, la bonté même;
Épris de ses pures douceurs,
Dites qu'il mérite qu'on l'aime:
Tous enfin donnons-lui nos cœurs.
Sion, chante sa gloire;   (*bis.*)
Que toujours ses bienfaits vivent dans ta mémoire.

FIN DES CANTIQUES.

VÊPRES.

DEUS, in adjutorium meum intende : Domine ad adjuvandum me festina. Gloria Patri, et Filio et Spiritui Sancto : Sicut erat in principio et nunc et semper, et in secula seculorum. Amen. Alleluia.

Psaume 109.

DIXIT Dominus Domino meo : sede à dextris meis.

Donec ponam inimicos tuos scabellum pedum tuorum.

Virgam virtutis tuæ emittet Dominus ex Sion : dominare in medio inimicorum tuorum.

Tecum principium in die virtutis tuæ, in splendoribus sanctorum , ex utero antè luciferum genui te.

Juravit Dominus et non pœnitebit eum : tu es Sacerdos in æternum secundùm ordinem Melchisedech.

Dominus a dextris tuis : confregit in die iræ suæ Reges.

Judicabit in nationibus , implebit ruinas : conquassabit capita, in terra multorum.

De torrente in viâ bibet : propterea exaltabit caput.
Gloria Patri, etc.

Psaume 112.

LAUDATE , pueri, Dominum : laudate nomen Domini.

Sit nomen Domini benedictum : ex hoc nunc et usque in seculum.

A solis ortu usque ad occasum : laudabile nomen Domini.

Excelsus super omnes gentes Dominus : et super cœlos gloria ejus.

Quis sicut Dominus Deus noster, qui in altis habitat : et humilia respicit in cœlo et in terrâ ?

Suscitans à terra inopem : et de stercore erigens pauperem.

Ut collocet eum cum principibus : cum principibus populi sui.

Qui habitare facit sterilem in domo : matrem filiorum lætantem.

Gloria Patri, etc.

Pseaume 116.

LAUDATE Dominum, omnes gentes : laudate eum omnes populi.

Quoniam confirmata est super nos misericordia ejus : et veritas Domini manet in æternum.

Gloria Patri, etc.

HYMNES.

Pour l'Avent.

RORATE, cœli, de super
Justumque fœcundo sinu
Complexa tellus perdito
Orbi salutem germinet.

CIEUX, envoyez d'en haut votre rosée ; que la terre féconde reçoive le juste dans son sein, et donne au monde perdu son Sauveur.

Pour le Carême.

AUDI, benigne conditor
Nostras preces cum fletibus,
In hoc sacro jejunio
Fusas quadragenario.

CRÉATEUR plein de bonté, écoutez les prières, et regardez les larmes dont nous accompagnons le jeûne sacré de ces quarante jours.

Pour le Temps de la Passion.

O CRUX, ave, spes unica
Hoc passionis tempore,
Auge piis justitiam
Reisque dona veniam.

NOUS vous saluons, ô Croix ! notre unique espérance. Que par vous, dans ce temps consacré à la passion du Sauveur, les justes croissent en piété, et que les coupables obtiennent leur pardon.

Pour le Temps Paschal.

DA, Christe, nos tecum mori
Tecum simul da surgere,
Terrena da contemnere
Amare de cœlestia.

FAITES-NOUS, Jésus, la grâce de mourir et de ressusciter avec vous, et que méprisant les biens de la terre, nous n'aimions que ceux du Ciel.

Pour la Pentecôte.

VENI Creator Spiritus,
Mentes tuorum visita,
Imple supernâ gratiâ,
Quæ tu creasti pectora.

Qui paracletus diceris,
Donum Dei altissimi,
Fons vivus, ignis caritas
Et spiritalis unctio.

Tu septis formis minere,
Dextræ Dei tu digitus,
Tu, rité promissum Patris,
Sermone ditans guttura.

Accende lumen sensibus,
Infunde amorem cordibus,
Infirma nostri corporis,
Virtute firmans perpeti.

Hostem repellas longiùs
Pacem que dones protinus,
Ductore sic te prævio,
Vitemus omne noxium.

Per te sciamus da Patrem,
Noscamus atque Filium,
Te utriusque Spiritum
Credamus omne tempore.

Sit laus Patri : laus Filio,
Par sit tibi laus, Spiritus,

VENEZ Divin Créateur, Esprit-Saint, visiter les âmes de ceux qui sont à vous, et remplissez de votre grâce céleste les cœurs que vous avez créés.

C'est vous qui êtes appelé le consolateur, le don de Dieu Très-Haut, la source d'eau vive, le feu sacré, la charité même et l'onction spirituelle.

C'est vous qui nous sanctifiez par les sept dons de votre grâce ; vous êtes le doigt de la main de Dieu. C'est vous qui, suivant la promesse du Père Eternel, rendez les bouches éloquentes.

Eclairez nos esprits de vos lumières ; embrasez nos cœurs de votre amour ; fortifiez notre faiblesse par une vertu que rien ne puisse ébranler.

Repoussez loin de nous notre ennemi. Faites-nous au plus tôt goûter votre paix. Soyez notre guide, afin que nous évitions tout ce qui peut nous nuire.

Que par vous nous croyions, durant toute notre vie, à un Dieu en trois Personnes, le Père, le Fils, et vous qui êtes l'Esprit, procédant du Père et du Fils.

Gloire au Père, gloire au Fils, gloire à vous, Esprit

Afflante quo mentes sacris
Luceat et ardent ignibus.
  Amen.

Saint, qui éclairez les esprits
et qui embrasez les cœurs par
votre souffle divin.
  Ainsi soit-il.

Pour les Dimanches de l'Année.

Monstra te esse matrem,
Sumat per te preces
Qui pro nobis natus
Tulit esse tuus.

Montrez que vous êtes
notre Mère, et faites agréer
nos prières à celui qui, pour
nous sauver, a bien voulu
naître de vous.

CANTIQUE de la Sainte Vierge. Luc. 1.

Magnificat : anima mea Dominum.

Et exultavit Spiritus meus : in Deo salutari meo.

Quia respexit humilitatem ancillæ suæ ; ecce enim ex hoc beatam me dicent omnes generationes.

Quia fecit mihi magna qui potens est ; et sanctum nomen ejus

Et misericordia ejus à progenie in progenies ; timentibus eum.

Fecit potentiam in brachio suo ; dispersit superbos mente cordis sui.

Deposuit potentes de sede ; et exaltavit humiles.

Esurientes implevit bonis ; et divites dimisit inanes.

Suscepit Israël puerum suum ; recordatus misericordiæ suæ.

Sicut locutus est ad patres nostros ; Abraham et semini ejus in sæcula.

Gloria Patri, etc.

Benedicamus Domino.
Bénissons le Seigneur.

Deo dicamus gratias.
Rendons grâces à Dieu.

PROSE pour le Temps de Noël.

Adeste fideles læti, triumphantes,
Venite, venite in Bethleem ;
Natum videte Regem Angelorum.
Venite adoremus Dominum.

Accourez, Fidèles pleins d'allégresse, venez à Béthléem, vous y verrez le Roi des Anges qui vient de naître. Venez, adorons le Seigneur.

En grege relicto humiles ad cunas.
Vocati pastores approperant ;
Et non ovanti gradu festinemus ,
Venite adoremus Dominum.
Æterni parentis splendorem æternum ,
Velatum sub carne videbimus
Deum infantem pannis involutum.
Venite adoremus Dominum.

Pro nobis egenum et fœno , cubantem ,
Piis foveamus amplexibus ;
Sic nos amantem quis non redamaret ?
Venite adoremus Dominum.

Dociles à la voix céleste , les Bergers s'empressent de visiter son humble Berceau ; et nous aussi , hâtons-nous d'y porter nos pas. Venez , adorons le Seigneur.
Nous y verrons celui qui est la splendeur éternelle du Père , caché sous le voile d'une chair mortelle ; nous y verrons un Dieu enfant , enveloppé de langes. Venez , adorons le Seigneur.
Serrons dans des pieux embrassemens ce Dieu devenu pauvre pour nous , et couché sur la paille. Quand il nous aime ainsi , comment ne pas l'aimer à notre tour ; Venez , adorons le Seigneur.

AU SALUT.

HYMNES au Saint Sacrement.

Tantum ergo sacramentum
Veneremur cernui ;
Et antiquum documentum
Novo cedat ritui :
Præstet fides supplementum
Sensum defectui.

Genitori , genitoque ,
Laus et jubilatio ,
Salus honor virtus quoque
Sit et benedictio

Adorons avec un profond respect un Sacrement si digne de nos hommages ; que ce nouveau mystere prenne la place des anciennes cérémonies , et que la foi supplée à la faiblesse de nos sens.
Gloire , louange , bénédiction , puissance , actions de grâces au Père , à son Fils unique et au Saint - Esprit

Procedenti ab utroque   qui procède de l'un et de
Compar sit laudatio. Amen.   l'autre. Amen.

V. Vous leur avez donné un pain descendu du Ciel.
R. Qui renferme toutes les douceurs.

ORAISON.

O DIEU, qui nous avez conservé le souvenir de votre passion et de votre mort, en établissant un Sacrement admirable, faites que, par une dévotion profonde pour le mystère sacré de votre corps et de votre sang, nous éprouvions sans cesse le fruit de la rédemption que vous avez opérée, vous qui vivez, etc.

LITANIES

Pour honorer la Sainte Enfance de N. S. Jésus-Christ.

KYRIE eleïson.   SEIGNEUR, ayez pitié de nous.

Christe eleïson.   Christ, ayez pitié de nous.
Kyrie eleïson.   Seigneur, ayez pitié de nous.
Jesus Infans, audi nos.   Jésus-Enfant, écoutez-nous.
Jesus Infans, exaudi nos.   Jésus-Enfant, exaucez-nous.
Pater de cœlis Deus, miserere nobis.   Père céleste, qui êtes Dieu, ayez pitié de nous.
Filii, Redemptor mundi Deus, miserere nobis.   Fils, Rédempteur du monde, qui êtes Dieu, ayez pitié de nous.
Spiritus sancte Deus, miserere nobis.   Esprit-Saint, qui êtes Dieu, ayez pitié de nous.
Sancta trinitas unus Deus, miserere.   Trinité sainte, qui êtes un seul Dieu, Ayez.
Infans Jesus Christe, miserere nobis.   Jésus-Christ, qui avez été Enfant, Ayez.
Infans Deus vere; miserere nobis.   Enfant, qui êtes vraiment Dieu, Ayez.

Infans, Fili Dei vivi,	Enfant, qui êtes Fils du Dieu vivant,
Infans, Fili Mariæ Virginis,	Enfans, qui êtes Fils de la Vierge Marie,
Infans, ante luciferum genite,	Enfant, né avant l'aurore,
Infans, Verbum caro factum,	Enfant, qui êtes le Verbe fait chair,
Infans, sapientia Patris,	Enfant, qui êtes la sagesse de votre Père,
Infans, integritas Matris,	Enfant, qui avez consacré la virginité de votre Mère,
Infans, Patris unigenite,	Enfant, Fils unique de votre Père,
Infans, Matris primogenite,	Enfant, premier né de votre Mère,
Infans, imago Patris,	Enfant, qui êtes l'image de votre Père,
Infans, origo Matris,	Enfant, qui êtes le principe de votre Mère,
Infans, Patris splendor,	Enfant, qui êtes la splendeur du Père,
Infans, Matris honor,	Enfant, qui êtes l'honneur de votre Mère,
Infans, æqualis Patri,	Enfant, égal à votre Père,
Infans, subdite Matri,	Enfant, soumis à votre Mère,
Infans Patris deliciæ,	Enfant, qui êtes les délices de votre Père,
Infans, Matris divitiæ,	Enfant, qui êtes les richesses de votre Mère,
Infans donum Patris,	Enfant, qui êtes le don du Père,
Infans, munus Matris,	Enfant, qui êtes le présent de votre Mère,
Infans, partus Virginis,	Enfant, le fruit d'une Vierge,
Infans, Creator hominis,	Enfant, Créateur de l'homme,
Infans, virtus Dei,	Enfant, qui êtes la vertu de Dieu,
Infans, Deus noster,	Enfant, qui êtes notre Dieu,
Infans, Frater noster,	Enfant, qui êtes notre Frère,
Infans, viator in gloria,	Enfant, qui êtes voyageur dans la gloire,

Miserere nobis. — *Ayez pitié de nous.*

Infans, comprehensor in viâ, — Enfant, qui êtes glorieux dans la voie,

Infans, vir ab utero, — Enfant, qui avez la maturité d'un homme parfait, dès le ventre de votre Mère,

Infans, senex à puero, — Enfant, qui avez la sagesse d'un vieillard, dès votre enfance,

Infans, Pater sæculorum, — Enfant, qui êtes le père des siècles,

Infans, aliquor dierum, — Enfant, né depuis peu de jours,

Infans, vita lactens, — Enfant, qui étant la vie, êtes nourri de lait,

Infans, Verbum silens, — Enfant, qui étant le Verbe, demeurez dans le silence,

Infans, vagiens in cunis, — Enfant, qui jetez des cris enfantins dans le Berceau,

Infans, fulgurans in cœlis, — Enfant, qui tonnez du haut du Ciel,

Infans, terror inferni, — Enfant, la terreur de l'enfer,

Infans, jubilus Paradisi, — Enfant, la joie du Paradis,

Infans, tyrannis formidabilis, — Enfant, qui êtes terrible aux tyrans,

Infans, Magis desiderabilis, — Enfant, qui êtes le désir des Mages,

Infans, exul à populo, — Enfant, qui êtes exilé du milieu de votre peuple,

Infans, Rex in exilio, — Enfant, qui êtes Roi dans votre exil,

Infans, idolorum eversor, — Enfant, destructeur des idoles,

Infans, gloriæ Patris zelator, — Enfant, jaloux de la gloire de votre Père,

Infans, fortis in debilitate, — Enfant, qui êtes fort dans la faiblesse,

Infans, potens in exilitate, — Enfant, qui êtes puissant dans la petitesse.

Infans, thesaurus gratiæ, — Enfant, qui êtes le trésor de la grâce,

Miserere nobis. — *Ayez pitié de nous.*

Infans, fons amoris,	Enfant, qui êtes la source du bon amour,
Infans instaurator cœlestium,	Enfant, qui rétablissez tout dans le Ciel,
Infans, reparator terrestrium,	Enfant, qui réparez tout sur la terre,
Infans, caput Angelorum,	Enfant, qui êtes le chef des Anges,
Infans, radix Patriarcharum,	Enfant, qui êtes la tige des Patriarches,
Infans, sermo Prophetarum,	Enfant, la parole des Prophètes,
Infans, desiderium gentium,	Enfant, le désir des Nations,
Infans, gaudium Pastorum,	Enfant, la joie des Pasteurs,
Infans, lumen Magorum,	Enfant, la lumière des Mages,
Infans, salus infantium,	Enfant, le salut des enfans,
Infans, expectatio Justorum,	Enfant, l'attente des Justes,
Infans, doctor sapientium,	Enfant, le Maître des Sages,
Infans, primitiæ Sanctorum omnium,	Enfant, qui êtes les prémices de tous les Saints,

Miserere nobis. — Ayez pitié de nous.

Propitius esto, Parce nobis, Infans Jesu,	Soyez-nous favorable, pardonnez-nous, Jésus-Enfant,
Propitius esto, Exaudi nos, Infans Jesu,	Soyez-nous favorable, exaucez-nous, Jésus-Enfant.
A jugo servitutis filiorum Adæ, libera nos, Infans Jesu,	Du joug de la servitude des Enfans d'Adam, délivrez-nous Jésus-Enfant.
A captivate diabolicâ, libera.	De la captivité du démon, délivrez-nous.
A nequitia sæculi, libera nos, Infans.	De la malignité du siècle, délivrez.
A concupiscentiâ carnis, libera.	De la concupiscence de la chair, délivrez.
A superbia vitæ, libera nos, Infans.	De l'orgueil de la vie, délivrez-nous, Jésus-Enfant.
Ab inordinata sciendi cupiditate, libera.	Du désir déréglé de savoir, délivrez,

A cœcitate mentis, libera nos Infans / De l'aveuglement de l'esprit, délivrez.

A mala voluntate, libera nos Infans. / De la mauvaise volonté, délivrez.

A peccatis nostris, / De nos péchés,

Per purissimam Conceptionem tuam. / Par votre conception très-pure,

Per humilimam Nativitatem tuam. / Par votre naissance très-humble.

Per lacrymas tuas, libera nos, Infans. / Par vos larmes, déliv.

Per durissimam Circumcisionem tuam, libera nos, Infans. / Par votre Circoncision très-douloureuse, déliv.

Per gloriosissimam manifestationem tuam, libera. / Par votre manifestation très-glorieuse, déliv.

Per devotissimam Præsentationem tuam, libera. / Par votre présentation, où vous vous êtes consacré à Dieu, déliv.

Per innocentissimam conversationem tuam, libera. / Par votre conversation très-sainte, déliv.

Per divinissimam vitam tuam, libera. / Par votre vie toute divine, délivrez.

Per paupertatem tuam, libera nos. / Par votre pauvreté, délivrez-nous, Enfant Jésus.

Per passiones tuas, libera. / Par vos souffrances, déliv.

Per peregrinationes tuas, / Par vos voyages,

Per labores tuos, libera nos, Infans Jesu. / Par vos travaux, délivrez-nous, Jésus Enfant.

Agnus Dei, qui tollis peccata mundi, parce nobis, Infans Jesu. / Agneau de Dieu, qui effacez les péchés du monde, pardonnez-nous, Jésus Enfant.

Agnus Dei, qui tollis peccata mundi, exaudi nos, Infans Jesu. / Agneau de Dieu, qui effacez les péchés du monde, exaucez-nous, Jésus Enfant.

Agnus Dei, qui tollis peccata mundi, miserere nobis, Infans Jesu. / Agneau de Dieu, qui effacez les péchés du monde, Délivrez-nous, Jésus Enfant.

Jesu Infans, audi nos.   Jésus Enfant, écoutez-nous.
Jesu Infans , exaudi-nos.   Jésus Enfant, exaucez-nous.
  V. Esprits célestes adorez-le.
  R. Sion l'a entendu et a tressailli de joie.

PRIONS.

JÉSUS Notre Seigneur, qui avez daigné anéantir pour l'amour de nous , la grandeur de votre divinité incarnée et de votre humanité toute divine , jusqu'à l'état et à la condition très-basse de la naissance et de l'enfance ; faites, s'il vous plaît, qu'en reconnaissant votre sagesse divine dans l'enfance, votre puissance dans la faiblesse, votre Majesté dans la petitesse, nous vous adorions très-petit sur la terre, et que nous vous comtemplions tout grand que vous êtes dans le Ciel : Vous qui étant Dieu , vivez et régnez avec Dieu le Père , en l'unité du Saint-Esprit , durant tous les siècles des siècles
  R. Ainsi soit-il.

PROSE A LA SAINTE VIERGE.

O SANCTISSIMA,
O purissima ,
Dulcis Virgo Maria ,
Mater amata
Intemerata. Ora pro nobis
  Pias lacrymas, pios gemitus
Audi, bona ; precamur ;
Ingruunt hostes , suffice vires
  Ora pro nobis.

O VIERGE très-sainte et très-pure ; ô douce Marie Mère chérie , Mère sans tache. Priez pour nous.
Vierge pleine de bonté , écoutez, nous vous en conjurons, nos gémissemens et nos larmes ; nos ennemis fondent sur nous , obtenez-nous la force de les vaincre. Priez pour nous.

  V. Priez pour nous , sainte Mère de Dieu.
  R. Afin que nous méritions l'effet des promesses de J.-C.

ORAISON

SEIGNEUR , pardonnez à vos serviteurs leurs offenses, afin que , puisqu'ils ne peuvent vous plaire par leurs propres mérites, ils obtiennent leur salut par l'intercession de la Mère de votre Fils J.-C. Notre Seigneur , qui vit et règne , etc.

Prière d'un enfant qui se prépare à sa première Communion.

IL approche cet heureux jour où, pour la première fois,
il me sera permis, à mon divin Sauveur, de prendre place
à votre Table sainte. Je n'envierai plus enfin le bonheur des
enfans que vous admettez à votre banquet sacré ; et après
m'avoir nourri comme eux du lait de votre parole, comme
eux vous allez me soutenir par le pain des forts, en deve-
nant vous-même la nourriture de mon âme. Préparez, je
vous en conjure, préparez vous-même dans mon cœur une
demeure digne de vous. Je ne suis qu'un enfant ; que pouvez-vous attendre de moi, avec ma dissipation, mon indifférence et ma longue ingratitude ? Sans doute, vous voulez
faire éclater sur moi les prodiges de votre bonté et de votre
toute-puissance. Captivez donc la légèreté de mon esprit,
en le pénétrant de la grandeur du bienfait que vous me préparez. Forcez-le, dans votre miséricorde, d'oublier les
futiles objets de ses distractions, pour le fixer dans un saint
recueillement au souvenir du présent ineffable que vous me
réservez. Qu'il soit attentif aux leçons de vos Ministres, et
surtout aux leçons secrètes que vous me donnez si souvent
vous-même. Comme le jeune Samuël : appelez-moi, mais
de telle sorte que je vous réponde ; parlez-moi, mais de
telle sorte que je ne veuille plus écouter que vous. Arrachez
de mon cœur ces penchans coupables qui déjà si souvent
m'entraînent loin de vous. Apprenez-moi à les déplorer, et
que mes yeux, qui tant de fois versent des pleurs pour des
pertes frivoles, en répandent enfin sur la perte de votre
grâce et de mon innocence. Inspirez-moi l'amour de la vertu,
le zèle pour votre service, le goût de la piété ; et puisqu'autrefois vous donnâtes la sagesse à un jeune Roi qui devait
construire votre Temple, aujourd'hui donnez-la à un enfant
qui doit lui-même le devenir. Ainsi soit-il.

RÉSOLUTIONS *d'un enfant chrétien pour se préparer à sa*
première Communion.

EN me levant, je ferai le signe de la Croix, et je don-
nerai mon cœur à Dieu ; je me leverai sur-le-champ, et
après m'être habillé avec modestie, au lieu de ne dire,
comme autrefois, que le *Pater*, *Ave*, *Credo*, *Confiteor*, je

dirai la prière du matin qui se trouve dans mon livre de Messe.

J'irai à la Messe tous les jours jusqu'à ma première Communion, si mes parens me le permettent.

Je ferai une lecture de piété, au moins d'un quart-d'heure.

Je penserai au bon Dieu, de temps en temps, durant la journée; mais surtout à midi et à la fin du jour.

Je ferai maigre les jours où l'Eglise me le commande.

Le soir, je prendrai aussi ma prière dans mon livre de Messe; je me coucherai avec modestie, et après avoir croisé mes bras sur ma poitrine, je m'endormirai en pensant à Dieu.

Tous les Dimanches j'irai à la Grand'Messe, et le soir au Catéchisme.

Jusqu'à ma première Communion, j'irai à confesse tous les quinze jours, à moins que mon Confesseur ne m'ordonnât de venir plus souvent.

Comme je ne suis pas capable de faire beaucoup pour Dieu, je ferai en sorte d'apporter, dans mes exercices de piété, toute la perfection possible.

Dans mes prières du matin et du soir, je me tiendrai dans un profond recueillement, en pensant à la grandeur de Dieu et à ma bassesse, à mes fautes, et au besoin que j'ai de sa miséricorde.

Quand j'irai à la sainte Messe, en montant les degrés de l'Eglise, je penserai que je vais entrer dans la maison de Dieu; en prenant de l'eau bénite, je demanderai à Dieu de laver mon cœur de ses souillures; et quand je serai près de l'Autel, je me souviendrai que J.-C., mon Dieu et mon Sauveur, va y descendre pour y continuer le sacrifice sanglant de la Croix, et que le jour n'est pas loin où il doit se donner à moi dans la sainte Communion.

Quand j'irai à confesse, je prendrai mon livre de prières et un autre livre de piété, afin de m'occuper utilement et d'éviter l'ennui ou la dissipation. En arrivant près du confessionnal, je me mettrai à genoux, j'adorerai humblement J.-C. caché dans le Tabernacle. Je lirai les prières avant la confession; je ferai attentivement mon examen de conscience. Je me relèverai ensuite, et évitant de me placer auprès des enfans qui pourraient me dissiper, je m'occuperai, en attendant mon tour, d'une lecture de piété. Après ma confession, je réfléchirai quelques momens à genoux sur les avis de mon

Confesseur. Je prendrai ensuite mon livre, je lirai les prières après la confession, et je me retirerai avec recueillement, sans m'arrêter avec les enfans de mon âge.

J'étudierai mon Catéchisme, non avec légèreté ou par crainte, comme une leçon profane, mais avec zèle et recueillement, comme un livre qui renferme les vérités du salut et les leçons de N. S. J.-C.

En venant au Catéchisme, je ne m'arrêterai jamais dans les rues. J'y entrerai avec recueillement ; je n'y dirai jamais un mot inutile à mes voisins, et j'écouterai avec attention et respect les instructions et les avis que m'y donneront les Ministres de J.-C. J'en sortirai sans dissipation et sans me retarder avec les autres enfans.

Je ne passerai point de jour sans demander à Dieu la grâce de bien faire ma première Communion. Je demanderai aussi la même grâce pour les enfans qui doivent communier avec moi.

J'aurai une dévotion particulière pour la Très-Ste.-Vierge et je la prierai souvent de m'obtenir la grâce d'être bien sage et bien pieux.

Comme mes parens me reprochent surtout le mensonge, la désobéissance et la paresse, je veux m'attacher à éviter ces trois défauts.

Je dirai toujours la vérité ; et la crainte d'être grondé ou même d'être puni, ne me déterminera jamais à faire un mensonge.

J'obéirai à mes parens avec promptitude et sans murmurer, et j'éviterai, même en obéissant, d'avoir un air ou un ton contraire à une respectueuse docilité.

Je travaillerai avec ardeur et constance ; et pour m'encourager dans mon ennui et dans mes fatigues, j'offrirai ma peine au bon Dieu, et je me souviendrai que J.-C., sur la terre, m'a donné lui-même l'exemple du travail.

Je relirai ces résolutions de temps en temps, mais surtout avant d'aller à confesse.

J'espère que c'est le bon Dieu qui me les a inspirées, et je lui demande de tout mon cœur la grâce de les accomplir fidèlement.

FIN.